刨根问底经济学

大转型时代的42则经济闲话

赵红军 ◎ 著

东北财经大学出版社

Dongbei University of Finance & Economics Press

大连

© 赵红军 2012

图书在版编目（CIP）数据

刨根问底经济学：大转型时代的 42 则经济闲话／赵红军著.
— 大连：东北财经大学出版社，2012.9
ISBN 978-7-5654-0988-2

Ⅰ. 刨…　Ⅱ. 赵…　Ⅲ. 经济学-通俗读物　Ⅳ. F0-49

中国版本图书馆 CIP 数据核字（2012）第 216578 号

东北财经大学出版社出版
（大连市黑石礁尖山街 217 号　邮政编码　116025）
教学支持：(0411) 84710309
营 销 部：(0411) 84710711
总 编 室：(0411) 84710523
网　　址：http://www.dufep.cn
读者信箱：dufep@dufe.edu.cn

大连北方博信印刷包装有限公司印刷　　　东北财经大学出版社发行

幅面尺寸：170mm×240mm　　字数：149 千字　　印张：12 1/4　　插页：1
2012 年 9 月第 1 版　　　　　　　　　　　2012 年 9 月第 1 次印刷

责任编辑：蔡　丽　　　　　　　　　　　责任校对：蓝　海
封面设计：冀贵收　　　　　　　　　　　版式设计：钟福建

ISBN 978-7-5654-0988-2
定价：38.00 元

中国社会大转型与新一代经济学人的崛起

——序赵红军教授《刨根问底经济学》

韦　森

1978 年以来，中国经历了 30 多年的经济与社会改革。这场以对内引入和发育市场与对外开放为主轴的改革，不但引发了 30 余年的中国高速经济增长，也带来了当今中国的社会运作方式、人们的交往形式和生存方式，乃至人们思想认识和文化观念的巨大变迁。整体而言，当今中国社会已经市场化了。由于在当今中国经济社会的运作中，政府不但没有从经济运行中"脱嵌"出来，而且用市场化的运作方式来调控、干预、参与并驾驭市场，从而也产生了卡尔·博兰尼在 20 世纪 40 年代就观察到的一个看似悖谬的奇特现象：在现代社会中，"与经济嵌入社会关系相反，社会关系被嵌入到经济体系之中"了。由此，我们也可以认为，当今中国正在逐渐演变生成这样一种非常独特的经济社会运作体制：一方面，"政府统御市场"；另一方面，"整个社会运行又从属于市场"。从这种意义上来说，目前中国的经济社会体制可能比 20 世纪 40 年代的西方各国更具有博兰尼所描述的那种"嵌入性"经济社会体制的典型特征。

当然，恐怕任何人也无法否认，目前中国的这种体制还只是一个"转型体制"，一种"过渡体制"，还不是一个稳定成型的"中国模式"。中国政府领导人和执政党一再坚持说要深化改革，尤其是政治体制改革，这足以说明当今中国社会仍然是大转型的"现在进行式"。当代中国，需要选择自己未来的发展道路，需要走向一个良序的法治民主的现代市场经济社会，这应该说正在成为社会各界的大致共识。

中国社会的大转型，这种由传统社会的小农自然经济以及在传统小农自然经济上构建起来的计划经济向现代工业化、城市化乃至网络信息化的现代市场经济的转变，也实际上正在重构当今中国社会。改革开放以来中国经济高速增长，人民生活水平提高和生活方式转变，乃至社会财富占有和社会收入分配上差距拉大，也自然会导致由传统中国社会以及过去计划经济时代体制遗传下来的经济、政治、社会、文化等领域中的社会关系的调整甚至错位，并且带来人们的思想认识、价值判断乃至文化观念上的潜移默化的改变。在已经市场化了的中国，绝大多数中国人，包括政府的领导和普通公务人员，都不同程度地参与市场交换、市场运行，或至少通过市场购买来消费和生存。这样一来，市场运行中每一种变化，以及政府对市场运行调控的每项政策和措施，都往往会触及诸多人的利益，也自然会引起许多人的评价和议论。尤其是在目前经济全球化的国际背景下已经在相当程度上开放了的中国，手机的普及、互联网及网络技术的广泛应用、博客尤其是微博的迅猛发展，使得任何一个经济、社会、政治、司法、文化乃至消费事件，都会在全国大面积地即时传播，并自然会招来各种各样的议论。在此情况下，有着数千年文明史的中国社会，确实正面临着前所未遇的大变局。

在这个中国经济社会的大转型或言走向尚未十分明朗的大变局之中，尤其是在这种业已演变生成下来的"强势政府统御市场与社会"的体制格局中，任何人都难以预测乃至规划我们经济社会的未来走向，以及进行整个社会体制的"顶层设计"。另一方面，每一个中国人，面临着个人和家庭、企业或单位的日常选择，都要对周边所闻所见尤其是与自己利益攸关的事情和事件做出自己的应对和评判，也自然会对未来中国当走之路提出各种各样的意见和评论。在这样一个社会格局中，如何判断身边的每一件事情？这现实世界的种种日常事务又怎样与未来中国社会的发展道路连接在一起？经济学人又应该如何从现代经济学的理论视角对现实世界的种种现象和问题进行理论分析？如何给予评判？

这部文集，给出了一个"文化大革命"后成长起来且受现代经济学教育的新一代中国经济学人对现实世界的一些日常事务的理论解释。赵红军教授在个人繁忙的经济学理论探讨中对现实世界的一些真实事件和问题所观察和说出的一些"闲话"，是否言之成理？是否正确？你是否同意？那要留待每位读者去品味、判断。但是，作为一位熟知红军博士经济学分析理路，且从某种程度上说是在这些年看着他在中国经济学的发展中成长起来的一个年长一点儿的朋友，我可以这样说：红军，作为一名已进入经济学思考的经济学博士和大学经济学教授，经济学的思考已经变成了他自己生命的一部分，乃至最主要部分；经济学，已经成了他的一种生活方式。

记得我1982年从国内一所大学毕业刚找到一家研究机构的职位时，曾说过这样一句年轻气盛的话："马克思说，资本家是资本的人格化。现在看来，经济学人应该是经济学的人格化。"今天，当愉悦地读红军博士的这部《刨根问底经济学》中的篇篇短论时，我似乎又记起来自己还年轻稚嫩时的"豪言壮语"。这部文集中所汇集的红军博士篇篇平朴、扎实而充满思想和洞识的经济学短论，难道不应当让我们确认"经济学人当是经济学的人格化"这一点？

为此，我诚挚地向广大读者——不管你学没学过经济学——推荐赵红军教授的这本经济学随笔集。

是为序。

韦森于二○一二年七月十九日谨识于复旦

德国著名诗人歌德在歌剧《浮士德》中有一句非常有名的话："亲爱的朋友，一切理论都是灰色的，唯生命之树长青。"这句话尽管是魔鬼墨菲斯特·费勒丝为了欺骗浮士德而说的一句话，但这无妨告诉人们一个朴实无华的道理——无论我们用什么样的理论来解释现实，而现实必定是最鲜活、最真实的。也许有人在听到这句话后会趁机揶揄经济学，既然现实总是最鲜活和真实的，而经济学理论一般都离现实有一定距离，那经济学研究对于现实问题还有什么解释力？更有一则经济学笑话干脆拿经济学家开涮——"什么是经济学家？就是能够解释别人为什么发财，但自己却永远不能发财的人。"其实，魔鬼墨菲斯特说的这个道理全然无错，而恰恰是人们没有正确地理解它。很多人对经济学的如上误解以及这个有关经济学家的笑话恰恰就印证了我的这一基本判断。

经济学是一门什么样的学问？其实它自从诞生的那天起就是一门经世致用的学问。所谓的经济学（oeconomics），原意是家庭管理或者内务管理。古希腊的经济学家色诺芬（公元前 427—公元前 355年）在其名著《经济论》中提出，所谓的经济学"可以包括对资源管理的一般原理的研究，不管这种资源管理是个人的、家庭的、企业的还是国家的，还包括对一切管理中发生的浪费现象的检查"①。古希腊另一位著名的政治哲学家亚里士多德（公元前 384—公元前 322年）也认为，经济学就是一种家庭管理或者谋生术，"取得生活所必要的并且对家庭和国家有用的具有使用价值的物品"。这意味着，古

---

① Philip Henry Wicksteed, The Common Sense of Political Economy. New York: Augustus M. Kelley, 1966, p. 17.

希腊时的"经济学"一词不仅指的是家长对于家庭内部事务的管理艺术,而且包括对企业、对国家、对资源和政策的管理。在我国古代汉语中,也有基本类似的说法。比如,"经济"一词最早见于《周易》,但当时是分开使用的,"经"通"径",称之为"阡陌","济"通"渡",意味着"渡水",所以分别指代的是田地和渡水两层意思。而只有到了隋代王通的《中说》"礼乐篇"中,"经"、"济"才开始首次连在一起使用,也同样是指"经邦济世"、"经国济民",也就是管理国家、帮助或管理老百姓的意思。

到了近代,尽管"经济学"一词的含义随着时代的变迁而有所变化,但经世致用这一点却一直传承了下来。比如,在经济学的鼻祖亚当·斯密那里,"经济学"一词主要是指国家包括民众的收入或生计,也就是广义而言的财富如何增加的学问。其实,更确切地说,斯密1776年的名著《国民财富的性质和原因的研究》一书的题目就清楚地表明了这一点。到了第二代经济学大师阿里弗雷德·马歇尔那里,"经济学"仍是一门研究财富的学问,但除此之外也是一门"研究在日常生活事务中过活、活动和思考的人们的学问"①。在其1890年的《经济学原理》这一名著中,马歇尔强调说,经济学的研究不仅要研究人的生活,而且这种生活"是一个真实的人的生活,而不是虚构的人的生活"②。他认为,经济学的目的,第一是为了知识而求知识,也就是我们今天所说的理论研究;第二是解释实际发生的问题,并且他鼓励理论研究和事实研究相结合。在讲到现实生活中的实际问题对于经济学家的作用时,他说:"实际问题虽然不完全是经济学的(研究)范围之内,但对于经济学的工作却暗中提供一种主要的推动力。"③他进一步认为,经济学的研究对于人类的政治、社会和私人生活的经济方面和经济情况很有帮助,并且随着时代的发展,

---

① [英]马歇尔:《经济学原理》,朱志泰译,34页,北京,商务印书馆,1997。
② [英]马歇尔:《经济学原理》,朱志泰译,46页,北京,商务印书馆,1997。
③ [英]马歇尔:《经济学原理》,朱志泰译,60页,北京,商务印书馆,1997。

这种需要可能会变得更加迫切。① 这说明，尽管经济学研究可以称为"为知识而求知"的理论研究，但它如果不能解释实际发生的经济、社会现象，不能为现实提供任何的行为或政策指导，经济学恐怕就要失去其存在的意义了。

马歇尔以后，经济学的研究取得了十分迅猛的发展，具体表现在：

第一，经济学研究的分工日益精细化，研究成果大量涌现。比如，1840 年以后，以马克思、恩格斯为代表的专门研究资本主义社会经济演进规律的马克思主义经济学诞生；1870 年以后，以杰文斯、门戈尔、威塞尔等为代表的边际学派主要研究个人消费、交换层面的效用理论；1875 年以后，以瓦尔拉斯、里昂惕夫、冯·诺依曼、摩根斯坦、希克斯等为代表的数理经济学派也迅速发展，他们主要在一般均衡理论的数理化研究方面取得了较大进展；1900 年后，以维克塞尔、费雪和霍特里为代表的货币主义主要关注了货币和资本的运动规律，以凡伯伦、米切尔和加尔布雷斯为代表的老制度学派主要关注制度、政策对于人类经济行为的影响，以帕累托、庇古、米塞斯、兰格等为代表的福利经济学主要关注各类政策对于个人福利、社会福利的影响；20 世纪 20 年代末至 50 年代，以斯拉法、张伯伦和罗宾逊为代表的不完全竞争经济学主要关注垄断等经济行为及其对竞争理论带来的影响；1936 年以后，以凯恩斯、汉森、萨缪尔森为代表的凯恩斯宏观经济学主要关注了宏观经济的长期、短期波动等宏观经济学问题，自此一门崭新的"宏观经济学"得以产生；20 世纪 40 至 50 年代及以后的经济增长理论主要关注了经济增长与发展问题，此后的半个多世纪里，它成了各国政府以及国际经济组织关心的一个重要问题；20 世纪 60 至 70 年代及以后，新制度经济学、信息经济学、博弈论等相继诞生；20 世纪 90 年代以后，新经济地理学、空间经济

---

① ［英］马歇尔：《经济学原理》，朱志泰译，62 页，北京，商务印书馆，1997。

学、新贸易理论等研究也取得了重大进展。这些经济学的进展说明，正是经济学的分工与专业化，经济学家通过将注意力关注在小的领域，对研究工具的运用更加专业化，结果经济学研究才取得了飞速的发展。

第二，由于经济和社会的不断发展，经济现象变得日益复杂，因而经济学研究中对于数学、博弈论、计量工具等的运用也日渐增多。这种趋势对于经济学的研究带来了正反两个方面的影响：

一方面，由于数学、博弈论、计量工具等方法的运用，经济学家对于原先难以清楚把握的问题有了新的认识。比如，博弈论的应用使得经济学家对于企业或者其他组织、国家的战略互动行为、策略性行为产生了深刻的认识；数学对于经济学研究发挥了广泛而深远的影响，比如微积分的发明使得经济学对边际效用、边际成本这两大经济学分析方法的运用达到了炉火纯青的地步。又如，数学的运用使得一般均衡经济学家对于整个经济体的宏观联系有了清晰和严谨的把握。再如，在非线性规划理论产生以前，经济学只研究所谓的边际分析问题，因为边际分析带来的是所谓的微积分可以解决的内点解问题，而对于做这种决策而不做另外一种决策的问题，经济学是无从解释的。但是，在数学上的非线性规划理论获得突破以后，经济学对于此类问题变得可以分析了①。计量经济学在经济学各个领域的应用使得"实证经济学"成为"规范经济学"之外的另一个重要的分析范式。很多经济学家进一步认为，只有经过这种形式化、数理化地被证明或者被证伪，经济学在成为真正科学的道路上才越来越近。

另一方面，随着这种趋势的普及，经济学似乎有了越来越远离经济学最初强调政策、指导现实和实际经济问题的倾向。美国制度主义经济学和奥地利经济学派的经济学家就批评说，社会科学研究人类行

---

① ［澳］杨小凯：《超边际分析与新兴古典经济学》，21～23 页，北京，中国人民大学出版社，2000。

为的特征决定了精确数学公式与证明的脆弱性所在①。又如，很多经济学家认为，计量经济学一般要求大样本数据的支持，可是现实中大样本数据这一条件严格而言是很难满足的。此外，经济学与那些可重复试验的物理学和自然科学之间没有什么可比性，毕竟经济学家所收集到的数据是预先决定的或者预先设计好的，因此是否能直接用于检验也是个问题。还有，经济学家也不可能让经济体的人、企业重复一遍此前所从事的活动，也即进行一个重复的试验以检验某个理论的正确与否。另外，对世界上的很多国家而言，大多数的经济数据都是由政府的代理机构出于政治原因而不一定是有针对性的目的而收集的②，因此，这种数据的性质对于计量分析工具的使用等就提出了很大的挑战。

笔者认为，经济学自从诞生的那天起，就具有一种经世济民、关注现实经济问题的先天情怀，并且随着时代的延续，这种关怀并没有消失。经济学家、经济学专业的学生、普通大众所看到的经济学家那些越来越重视数理化、实证化、复杂化的学术发表，只不过是一种表象，因为这些高深的学术发表、这些专业化的研究恰恰表明了一个事实，那就是经济学的研究已越来越专业化和精细化了，毕竟在当今这个非常复杂的世界上，如果经济学家不坚持"学术有分工、术业有专攻"这一分工和专业化原则，那么究其一生，他们可能也研究不出什么新的或者更加深刻的东西来。此外，经济学的初学者、白领、工人、新闻工作者以及社会大众也必须清楚，经济学家出版、发表的这些文章、著作中那些比较专业化、比较高深的内容都是给他们的同行而不是普通大众看的。他们之所以那样做，目的大致有两个：一个是通过这种专业化、高深和精细化的工作，促进学术交流，促进经济

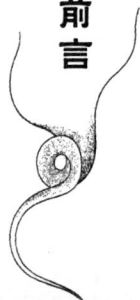

---

① ［美］小罗伯特·B. 埃克伦德、罗伯特·F. 赫伯特：《经济理论与方法史》，杨玉生等译，487 页，北京，中国人民大学出版社，2001。

② ［美］小罗伯特·B. 埃克伦德、罗伯特·F. 赫伯特：《经济理论与方法史》，杨玉生等译，487 页，北京，中国人民大学出版社，2001。

学以及经济学教育在某一专业化领域的进步与发展；另一个就是通过这些学术发表，奠定他们在这一学术领域的地位和声誉。换句话说，经济学家所出版的、发表的这些学术著作可能恰恰就是经济学研究中的"阳春白雪"，而普通大众想看的、能够读懂的经济学则是经济学关注现实、联系实际的那部分大白话、大实话。可惜的是，在两部分之间，目前无论是国内还是国外都还存在着一个相当大的鸿沟。其原因主要是两方面：一是目前国内外的经济学家绝大多数是科班出身，是由具有较少实践经验的经济学家队伍组成的，他们的强项在于理论和学术研究，而这些理论和学术研究对于他们的职业生涯又是如此重要，因此在他们功成名就之前，他们只有较少的时间和精力去从事经济学研究的通俗化工作，所以普通大众看到这些通俗化作品的机会就相对较少；二是从"阳春白雪"到通俗化之间还的确存在着一个比较大的跨越。那些强于经济学理论研究的人士，如果没有相当的社会与现实经验作为支撑，还的确面临着难以将自己的作品通俗化的障碍。对于这样的工作，也许只有靠那些具有较丰富经济和社会经验，同时又比较熟悉经济学理论研究前沿，并且有意愿与精力，又能够做到这一点的经济学家来完成。

笔者不才，但愿意从事这样的通俗化工作。在此，先让我讲述一下我能够胜任这一工作的几个必要条件。首先，我具有从事这一工作的基本经验和理论储备条件。我生于20世纪70年代，是典型的"70后"。我上小学的年代是"文化大革命"结束的1977年，上初中的年代是改革开放已经风起云涌的1983年，上高中的年代是改革如火如荼进行的20世纪80年代末，上大学的年代是中国城市和企业改革、外汇体制和外贸体制改革相继展开的20世纪90年代。1993年毕业后，我带着对经济改革的美好憧憬，带着多年累积的对财富的饥渴，冲进了火热的现实之中。在毕业后五年的工作中，我曾经是国有外贸企业的外销员，亲自干过外销员兼验货员兼商检员兼运输员的基层工作，还曾经由于公司的巨额亏损而在两年内领不到一分钱工资，只好贩卖白色的面粉、灰色的水泥、红色的辣椒和绿色的苹果等农副产品以维持生存。在这个过程中，我不仅见过狡猾的商贩、精明的行政人员、老奸巨猾的官员、朴实的老百姓，而且通过多年在基层的打拼，我逐渐认清了自我。我发现，我是一个有理想、有追求、有想法，不安于现状的小伙子。1998年，在工作了五年之后，我毅然决定放弃工作并拿起了多年没有拿过的书本，并于1999年开始了我的经济学专业研究生生涯。用比较书面的、比较振奋的话说，我主动放弃了工资待遇，去追求自己的理想，但用咱老百姓自己的话说，我读研究生乃是没有办法的办法。就这样，1999—2002年，我坚持脱产读研究生，假期就拿起自己经商时积累的经验，替一家外资企业打零工，从事销售管理工作。再后来，我开始到复旦大学读经济学博士，接下来就来到了上海财经大学从事博士后研究，并积极争取国家的留学基金，在美国芝加哥大学留学了一年。从实践经验到理论储备，我认为我具有了很多经济学家不具备的经济学理论通俗化的经验和理论储备兼相应的经验条件。

其次，从1997年我发表第一篇学术文章、1999年发表经济学通俗文章以来，我一直坚持理论研究和实践研究并举的发展道路。一方面，我精读国内外最前沿的中英文经济学文献，从事着教书育人的学术传承工作，在《经济研究》、《经济学季刊》等学术杂志发表了约30篇学术理论文章；另一方面，我还经常将自己工作、学习、生活中的点滴体验整理成各种各样的小品文，先后在《经济学消息报》、《中国经济时报》、《财富时报》、《珠海时报》、《21世纪经济报道》、《经济学家茶座》、《新经济》、《财富与管理》、《读者》、《青年文摘》等通俗的经济学报刊上发表若干篇通俗性的经济学文章。这些通俗性文章的发表，以及自身与政府、企业的密切联系，也源源不断地给我提供了很多新的创作素材。此外，我作为民主党派人士，还经常利用自己的经济学体验，自己对国内外经济问题的了解和感知，为地方政府、政协写过很多受到重视的政策建议和意见。通过不断的历练，我

对经济学通俗化、普及化的工作也有了比别人更加深切的体会和经验。

现在摆在读者面前的这本书，就是这样一本关于日常生活中种种真实现象、反常现象、深层次和容易被普通大众忽略的现象与问题的经济闲话集。收在其中的文章，几乎全部是我近年来的亲身经历，或者在工作、学习以及研究中深切感悟到的，又与普通大众生活密切相关的经济学问题。为了便于读者的阅读，我将这些闲话按照话题大小从微观到宏观划分为以下七章：

第一章为"家长里短"，主要讨论了孩子成长的经济学、买房前后"房奴们"的心路历程、上海人的精明之道、节日送礼、毒誓算不算一项好的制度设计、老夫少妻等家庭生活中的经济学。通过这些主题的讨论，读者可以清楚经济学对于我们生活中很多经济、社会问题的强大解释力，同时也能体会到经济闲话带给你、我、他的那种趣味与深刻体会。比如，《节日送礼的经济学》一文虽写于2002年，但这个主题是中国人每逢佳节时的永恒话题。在其中，读者能够体会到送礼问题的成本与收益，送礼所折射出来的中西文化差异，同时，笔者在文章的最后还给出了送礼的一些可行性建议，对于引导国人的消费和送礼习惯等都具有重要的借鉴意义。又如，《我成为房奴》记述了我成为房奴前后的心路历程，我与房产中介打交道的过程，我对国内房地产市场的分析，对于精明卖房人的评论，从中读者不仅可以体会生意场上的狡猾与伪善，而且也能体会到普通老百姓在买房前后所承受的那种巨大的心理和经济压力。

第二章为"生意内外"，主要围绕着企业的员工招聘、外国银行处理顾客异议、我国银行业过度发卡所透露出来的银行业问题、上海世博园不提供开水的经济理由、财富是否能圆快乐梦、亏本的生意谁来做等生意人经常碰到或见到的经济问题。比如，《老板喜欢什么样的下属》来自我在芝加哥大学留学期间与邻居老太交往、交流的经验，也透露了中美老板对于下属的不同选择以及中西管理文化的巨大差异问题，这篇短文对于那些即将留学或者涉足外资企业的读者而言肯定具有很大的参考意义；《花旗银行，让我吓了一跳的银行》来自于我在美国的花旗银行账户被盗的亲身经历，从中读者不仅可以比较中美银行对于顾客投诉的态度、做法之异同，而且对于那些即将出国留学的学生，或者那些经常出差到国外以及经常采用网购方式购物的朋友都是一种很好的提醒；《财富能圆快乐梦吗?》一文从国外的行为经济学研究、有关快乐的经济学研究的最新进展出发，讨论了财富不一定能带来快乐这一经济学问题，并从国内外的经验出发，给出了我国老百姓如何正确看待财富，如何在有限的财富基础上获取更多快乐的实用性建议。

第三章"人在旅途"，主要是我在回家路上、访问美国和意大利高校、去加拿大开会或者参观上海世博会时的所见所闻及其所引发的经济闲话。比如，《列车员卖小板凳与供求》一文描写的是我春节探亲回沪路上亲眼见到的列车员卖小板凳的故事及我运用经济学供求理论对这一现象的精彩分析。这篇文章是我读研究生时发表的第一篇通俗性文章，发表在当时影响颇火的《经济学消息报》上。之后，这篇文章在该报上还引发了其他作者的反驳。后来，这篇文章多次在我给本科生讲授的"微观经济学"课堂上作为案例进行讨论。再后来，这篇文章被放在我的博客（均衡之美：http：//hjzhao. blog. sohu. com）上，又引发了一位医学博士与我关于这篇文章的激烈争论，想必本书出版社后也可能会引发读者的评论。又如，《美国到底强大在哪里?》一文是我在美国访问期间，通过对美国一年多的感知所写的一篇通俗性文章。它最初的想法来自于我推荐的一名去美国留学的学生给我的电子邮件。这个学生出生在上海，是个地地道道的城里人。可是当他经过一番托福、GRE 的艰辛考试并来到美国之后才发现，美国并没有他想象中那么好，用他自己的话说，"美国简直是个偌大的农村"。在收到这封电子邮件之后，我专门撰写了此文，并对学生的疑问进行了详细的解答。这篇文章在《经济学家茶座》发表之后，先后又被全国 10 多家杂志，包括《读者》以及数不清的网站转载。这篇文章与目前很多有关美国即将衰落的观点有所不同，对于读者如何正确地看待美国这一超级大国的经济和综合实力有所帮助，同时对于中国如何更好、更快地崛起也具有重要的借鉴意义。

第四章为"刨根问底"，主要是笔者对人们日常生活中一些看似正常、别人很少注意到的经济、社会现象的经济学分析。比如，经济学能不能研究生男生女问题？表面上看来，这似乎是一对夫妻婚后面临的家庭决策问题，并且在很大程度上，即使是孩子的父母可能也很难作出选择，但笔者从经济学的角度分析了这一现象。笔者认为，中国、印度等国家存在的性别选择问题具有深刻的社会和经济根源，并且这种现象在农村和城市环境之间存在着很大的差别，这其实对于我国今后的城乡性别平衡、户籍制度改革等都有很大的启示意义。又如，在普通读者的生活中，可能没有几个人关心"国有企业、事业单位为什么存在编制"这样的问题，因为这似乎是早在中华人民共和国成立之初就已确定下来的事情，但笔者从经济学的角度解读以后就发现，原因之一是国有企事业单位的资金来自上级拨款而不是自负盈亏，因而，它们通常就会有一种不断自我扩张的天然倾向，所以，国家就会通过编制这一制度来控制它们的规模；原因之二是，国有企事业单位的人在进入单位的时候通常都是依托着各种关系进来的，因而这些人一旦进入单位以后就很难离开这些单位了，于是这些单位的规模通常就会不断膨胀，这也使得国有企事业单位的编制控制成了一个重要问题。这个问题的讨论与经济学界多年以前的一个经典问题

"软预算约束"① 密切相关，对于理解我国企业改革的必要性具有重要意义。

　　第五章为"宏观追问"，主要是笔者关于宏观经济问题的闲话，比如过去六年的物价变化、上海地价过高的连环危害、美国经济是否到了最危险的时候、金融行业是否天然不稳定、为何诞生了鲁班的我国家具制造业仍落后于西方、改革开放以来三个乡的兴衰变迁等。通过这些问题的分析，普通的老百姓不仅会对与大家生活密切相关的物价问题有深刻的认识与体会，而且也会对我们生活中的金融市场、中国家具等制造业相对于外资企业的比较优势、比较劣势有清醒的认识，这对于大家今后的生活或者工作以及未来的职业规划等都具有重要的借鉴意义。

　　第六章为"三思而行"，主要是笔者关于我国各级政府有关公共管理、公共服务中的相关政策或者做法的经济闲话。比如，《法院安检能否三思而后行？》就讨论了最近几年在全国不少地方出现的法院安检这种现象在社会公众心目中所产生的负面影响问题，诸如："既然中华人民共和国的公共执法机关法院都如此害怕安全问题，老百姓到底还怎么办？"通过这个案例，笔者的目的在于指出这种做法的欠妥之处，并给出了相应的改进建议与措施，这对于维护我国法院的形象、增加公民的认识和安全感等都具有重要的意义。又如，《大学城地铁站规划以什么为本？》，就讨论了地方政府在地铁规划过程中所面临的两难选择问题。一方面，世界各国的普遍原则是"以人为本"，体现公共服务的最大效用原则，但另一方面，地方政府也要考虑建造成本以及未来的经济发展的趋势与可能，甚至这一复杂的决策

---

　　① 哈佛大学著名经济学家雅什·科尔奈在 1979、1980 和 1986 年分别提到"软预算约束"这个重要概念，主要是指国有企业的资金来自政府而不是企业自身积累，因而国有企业通常就会面临着激励不足的现象；相反，民营企业由于其经营的资金来自于自身的经营盈余，因而从长远看，民营企业具有较强的激励去改善效益。有关"软预算约束"等相关深入讨论，可参见：Kornai, Janos, Economics of Shortage, Amsterdam：North-Holland, 1980；Kornai, Janos, "The Soft Budget Constraint", Kyklos, 1986, 39（1）, pp. 3–30.

过程中还夹杂着一些人的自私的利益。该文对此进行了清晰的剖析，这对于理解地方政府甚至官员的"经济人"性质，我国公共产品提供过程中出现的一些怪现象等都具有重要的启示意义。

第七章为"管理取胜"，主要分析了我国企业管理、时间管理、人事管理、物业管理等方面尚存在的一些经济问题以及曾经遭受的挫折，并给出了未来改进的一些策略。比如，《是骡子是马拉出来遛遛》就讨论了改革开放以来遍及我国企事业单位、城市的所谓效率管理问题。改革开放以前，这一原则只存在于老百姓或者一些人的心中，并未成为各种组织的管理原则。改革开放以后，这一原则开始成为企业、城市、省乃至整个国家的重要管理原则，结果，企业、城市与整个国家的发展都发生了翻天覆地的变化。如果套用邓小平的话说，这个管理原则就是所谓的"黑猫白猫论"，用经济学的语言说，就是效率原则。又如，《美国科学研究领先世界的诀窍是什么?》就是我在与美国教授聊天讨论的过程中体会到的一个美国科技管理制度问题。在这篇文章中，我分析了美国 20 世纪 50 至 60 年代通过针对科研人员、高校研究人员薪资的大幅度改革，大大激发了这些研究人员的积极性和创造性，这正是美国科学研究在 20 世纪 60 年代以后跃居世界科技前沿的重要制度原因。这对于我国今后的科技、教育以及薪资管理制度改革等都是很好的借鉴。

总之，从本书这七章 42 则经济闲话的讨论中，读者不仅可以了解在现实生活中我们周围存在的、形形色色的丑陋、奇怪和反常现象背后的经济学原因，加深对现实生活的认识与理解，而且也可以通过这些闲话体会经济学对于这些问题的强大解释力所在。此外，通过这些闲话也能够使读者体会到转型期中国正在经历的一些宏伟、喜人的经济和社会变化，加深对中国特色社会主义道路的认同，提高读者解决这些实际问题的能力。还有一点必须事先声明，那就是，本书所展现的这些经济闲话，绝不应该被看做笔者对于中国经济、社会问题的种种不满或者牢骚的发泄，相反，笔者要传递给读者的一个明确信息是，今天的时代是个开放透明的时代，更是催人奋进的时代，今天的中国已完全不同于历史上的任何闭关锁国时代。因此，如果我们还没有直面现实的勇气，还不敢正视现实中存在的种种不足，不寻求这些既存问题的合理、公正的解决之道，那么，我们国家的改革事业将如何推进？企业的效率将怎样进一步提高？老百姓的生活质量怎样才能提高？在此，我想用一句话作为这篇长幅前言的结束语：如果没有前人的不足，怎么会有后人的进步，同样，如果没有对目前存在问题的恰当分析，怎么会有中国社会在未来的更大进步。也许正如笔者在自己的博客中所写的那样："单一均衡美若天仙，但现实世界却充满了多重均衡。"这与歌德在他的歌剧中要传递的道理是一样的，即经济学理论是完美、抽象甚至是灰色的，但如果不将它放到纷繁芜杂、五彩缤纷的现实当中，不去身体力行地检验、体会和应用它，它的缤纷多彩怎能得到如此充分的彰显？

赵红军

二○一二年七月

前言

目 录

刨根问底经济学

——大转型时代的42则经济闲话

第七章　管理取胜

后记

目录

第一章

家长里短

孩子成长的经济学

随便翻开一期《南风窗》，一篇文章《白拣了老爸来当》[①]一下子吸引了我的注意力。文章虽不是经济学方面的，但对已有女儿的我，实在无法拒绝这篇非经济学的文章跳入我经济学的眼帘。

作者讨论了父亲在孩子成长中应该扮演的角色问题，指出了大多数父母，特别是父亲们常常犯的那些错误。对照我自己，从心底里说，我还算是个不错的父亲，但也犯了作者所说的类似错误。比如，我常常为读书+教学+研究所累，常常在女儿找我来玩的那会儿，轻易就找了个借口"爸爸要看书，你自己玩一会儿"，打发走可爱的女儿。看着这篇文章中描述的类似情形，我不禁潸然泪下。

我常常陪女儿一块儿跑步，骑自行车，履行过做父亲的一些角色，但无意中从女儿埋怨的口气中，我也获悉了我做父亲的不是。"爸爸你每天就是看书、看书，有这么多的书要看吗?"这篇文章的作者说道："钱并不是孩子成长中的唯一元素。"但我也犯了父亲赚钱养家本身就是对家庭、对孩子的爱这一观念性错误。特别是文章中提到的那个故事："爸爸，你每小时的工资是多少?"爸爸说："30美元。"孩子说："爸爸，我能否用 15 美元买你半个小时?"读到这里的时候，我这个还算坚强的父亲，第二次流出了那控制来控制去最

---

① 齐宏伟：《白拣了老爸来当》，载《南风窗》，2009 (11)。

后还是没有控制住的眼泪。这让我好好想了想作者提出的这个看上去不是经济学，但却很经济学的问题——在孩子的成长中，爸爸到底该付出些什么？

有人说，父亲赚钱本身就是对家庭、对孩子最大的爱。的确如此，在茫茫人海、偌大世界上要求得生存确实是每一个家庭的第一要务。看看那天高的房价、自己低廉的收入，想想每天上班路上那高昂的通勤费用，每走一步所必须付出的那两位数增加的费用，再看看那节节上涨的水费、电费、通信费、生活费，我实在非常无奈。本来，我并不是一个对金钱非常敏感的人，所以我能从公司退出并回到学校，但跟在自己屁股后面节节上涨的各种费用，越来越多不该市场化但越来越快的市场化改革（比如医疗、教育、体育馆、公园、游乐设施等）却不止一次地告诉我同样一个道理——在当下的中国，金钱才是我们唯一的救命稻草，除此之外，还能有什么呢？

虽然我们还不至于仍处于温饱线上，但与温饱线距离并不远的我们，仍时刻不停地开动着那赚钱的发动机。有几次，我问了几位与我相差不多的教授，问他们在上海的感受，他们的感受与我十几年来埋藏在心底的感觉相差不多——上海是一个时尚的城市，更是一个物欲横流、金钱第一的城市。在这个城市，在教育系统工作的人并没有得到他们应该得到的相应报酬，教育工作者也似乎是一个不食人间烟火的奉献者。想想这些，不禁让人感到些许的辛酸。但与作者所告诫我们的这个道理相比，像我这样有一些空闲时间的人，怎么能这么舍本求末呢？毕竟生活当中除却金钱之外，更重要的元素就是爱。我虽然没有金钱，但我有的是时间，因此我也有付出爱的充分条件。我可以抽出一些时间，陪女儿玩耍、跑步、下棋、骑自行车、剪纸，这些可不一定是物质丰富、金钱多多的人所能办到的……

2008—2009 年，我的确非常快乐，我的女儿更是非常快乐。我游学北美，她随我游学，我去图书馆查资料，她上学、放学、去美国同学家里玩。每当下午的时候，我必定会带着她到我们家旁边的杰克逊公园或者密歇根湖边玩。那时候，女儿是多么高兴，简直成了快乐的小鸟，无忧无虑，尽情玩耍，尽情遐想。每到吃饭的时候，家里墙上张贴的水彩画、手工剪纸都是女儿向我展示自己杰作的好时候。有一次，我去女儿学校见他们老师。一进门，老师就告诉我，女儿是他们班上的剪纸专家，并指给我看班级墙壁上到处乱飞的蝴蝶，原来它们都是女儿的杰作。这让我这个做父亲的感到十分光荣和骄傲。

我不止一次地问过我周边的人，人生最大的投资是什么？结果得到的答案大多是股票、债券、房子、车子。有一次，我故意提示说，人生最大的投资是不是孩子？结果，并没有得到太多人的回应。大多数人对我说，对孩子有的只是付出，别谈什么回报，他们长大成人，就会远走高飞，有的永远不会回来。我想，这可能正是国人教育的最大失败之处。因为他们从小接受的就是自我、自私的教育，在他们心里，没有别人，而只有自己。看看全国，看看上海越来越多的小皇帝们，越来越多的小孩、大学生因为一件不顺心的事情动辄自杀的事件，你就知道，一定是我们的教育或者其他什么环节出错了。很多人都将这个错误归咎于学校教育的不足、师德的不规范，其实家庭才应承担更多的责任，毕竟父母才是孩子的第一任教师。

绝大多数的父母天天上班，小孩无人照料。好不容易早点回到家里，但那可恶的电视却占去了他们的大部分时间。我们的生活费用高昂，绝大多数的父母以为有了金钱，就能弥补对孩子爱的缺失。像我这样时间还算比较充裕的父亲，在孩子的身上所花的时间尚且不多，难怪有那么多的小孩长大成人之后，就会远走高飞，永不回头。

孩子固然是上帝赐给每个家庭的小天使，但孩子教育不好，没有得到父母的爱，没有在爱的沐浴下成长，却很可能变成一个自私自利、天然以自我为中心的小魔鬼。

我不愿成为一个老来孤独的人，我也不愿意自己的小孩成为那种自私、自大、个人中心主义的小魔鬼，而是父亲面前的小天使、开心果。

第一章 家长里短

如果人们能够将与小孩的共同玩耍、知心交流也当做一种快乐、一种付出，其实，那些爱孩子的父母也会迟早获得孩子同样的爱。这难道不是孩子成长中最大的经济学原理吗？

爸爸教女儿怎样平衡身体

我成为房奴

自到上海以来，我一直庆幸不已，因为到 2009 年为止，我还不是房奴。最先到上海的那几年，我是来上海进修国际贸易业务和英语的，人住在灯红酒绿的虹桥涉外商务区，掏的租金却是较为低廉的学校租金，并且原先的单位还能给予一定的生活补助，所以，我对什么叫做房奴、什么叫做房租没有概念。后来，我很庆幸地被一所大学录取为研究生，于是就搬到这所大学的研究生宿舍里；再后来，我又从这所大学的宿舍里搬到了另外一所大学的博士生宿舍里。虽然从那时起，我就感觉到上海房租的水涨船高，但当时付给学校的租金似乎还在我的承受范围内。再后来，我就结婚了，因为夫人是独生子女一代，于是，我就从学校的宿舍搬到了夫人的家里。

时间一晃近十年工夫过去了，终于到了有可能买房自住的时候了。学校离家里很远，单程路途两个半小时，买车吧，感觉非常不安全，时时刻刻处于风险和飘摇当中；可不买车吧，看看挤得像饺子锅似的地铁车厢，看看路途上川流不息、紧张兮兮、来也匆匆去也匆匆的人群，人的精神就显得高度紧张。来回奔波几年之后，我盘算着在学校周围买房的可能性。可看看学校周围一天天高涨的房价，却感到实在无力承受。身为一名副教授，从学校所能获得的房贴只有区区几万元，身为经济学人，想想难以承受的房价，同样感到心理极度不平衡。

早年读研究生时的那些人，他们并没有读博士，但他们现在都"发"了。因为不读博士，所以他们必须工作，要在上海工作，就必须拥有自己的房子，于是在 2002 年前后的几年，他们都拥有了各自的房子。虽然不少人因此而成了房奴，但看看节节拔高、疯狂上窜的上海房价，房奴们的心里不知舒坦了多少。我好高骛远，在自己的长远未来上进行了较多的教育投资，读博士，做博士后，再出国，但回过头来一看，在做了所有这些教育投资以后，所获得的却远远低于那些没有进行教育投资的人。

有时候，我甚至怀疑，未来更加长远的教育投资是否仍然值得？学生也常常问我，在上海读硕士、博士的效用到底有多大？有时候我甚至怀疑，我们的社会是否比我们早年曾经憎恨的那个资本主义更加资本主义？可回过头来想想，没有，远远没有，因为在真正的资本主义下政府是无力抑制房价的，而在我们国家，政府却仍然有着强大的行政力量来调控甚至打压房价。

房价令人难以承受，但比房价还难以承受的也许是这个社会的普遍不诚信。房价过高，抬高了整个社会人们生活、工作的成本，降低了人才交流、流动的效率，同样道理，太多的不诚信撕裂了中华民族那仅存的传统美德底线，也无穷地抬高了整个社会前进的成本。

我在学校的周围接触了多个房产中介，很多中介都拥有了自己的网上商店。但跑得多了就知道，网上的房价似乎是个幌子，价格很便宜，地段很合适，可一真询问就说房子已经脱手，给你推荐价格更高的房子。假帖子可谓是"地产公钓鱼，愿者上钩"。

在与房产中介讨价还价中，我积累了不少的经验。比如，一定要找多个中介，这样，你就能弄清市场对某处房产的客观评价，也能有的放矢地针对你想要的房产进行讨价还价。又如，在与房产中介讨价还价时，你还能认清这个房产代理人的人品，其对业务的熟练程度。还有，房产中介虽然很多，但不知怎么的，任何一套房子的价格、房东的信息在业内几乎都是共通的。由于房产中介只是房东的代理人，房屋是否真实出售，还必须有赖于房东的意愿。我在与房产代理人打交道的过程中逐渐发现，房东的品质就像房屋的品质一样千差万别。

比如，大部分房东都是温州人，他们通常是第一个吃螃蟹的人，在房屋开盘的时候就大胆进入市场。再下来，就是浙江其他地区的人，上海人多半是二传手，常常接浙江人的盘，而那些到现在才买房的人，常常就是那些真正要买房自住的人。在经过一传手、二传手甚至三传手之后，那些真正要自住的人反而承受了更高的房价，这难道不是房地产泡沫的根源吗？有人说，2009 年迪拜的房产危机源于全世界的投资者都能购买那里的房产，我想说的是，上海比迪拜更加迪拜，因为全世界的人早在十年以前就能在上海买房子了。

有的房东很诚恳，他卖房就是卖房，只要到了自己所要的那个价格，就干脆抛售。可有的房东却十分贪婪，他索要一个价格，如果发现无人问津，他就心里嘀咕着，是否房价高了？可一旦有人问津，他马上就会水涨船高，一而再、再而三地进行着涨价的革命。如果是这样的房东，代理人慢慢地就失去了替他卖房的信心，因为言而无信的房东只会带给代理人无谓的时间浪费和成本支出；对买房人来说，这么见风使舵、对市场反应灵敏的卖家可以说是"可恨"了。

从经济学的眼光来看，像我这样到现在才准备买房的人是完完全全的风险规避者，而江浙人等南方人却大多是风险爱好者。他们虽然不懂经济学，但这无妨他们成为富翁；我虽然懂得经济学，但难以成为富翁。因为经济学乃是一门理论，至于怎么很好地实践这些经济学理论，利用这些理论去赚钱却不一定是经济学者的长项。

在经过万千的迷雾和搜索之后，我终于成为房奴。没有买房前，我仍然享有一个自由之身，不欠别人的账，不欠他人情；可买房之后，我背负起长期的债务，成为名副其实的房奴。成为房奴之后，我的手中多了一个产权证，但心中却失却了自由。这一点，我心里非常清楚，这个产权证不过是杨白劳手中的卖身契，不过代表了在上海的合法生存和居住权，除此之外，还能有什么？

上海人"精明"二三事

上海人的精明是人所共知的。然而只有身临其境、亲身体验，方能感受和体会其中奥妙和精髓之所在。

价格计算上"工于心计"

一日陪友去配眼镜，众商家各显神通，竞相报价，有报 200 元，有报 230 元，也有的竟报 260 元。我们思揣半天，当然取价格最低的，于是回头直奔报价 200 元的店。可是，当我们配完眼镜付钱时，却着实令我们大吃一惊，明明说的是 200 元，怎么顷刻之间变成了 205 元？我们当即问其原因，店主笑容可掬言道："这 5 元在价格之外，属于保修服务费，半年内出现质量问题，我们包退包换，请您放心，当然，您也可以不保，不过以后修理什么的，我们将按照市场价格收取。"我们一想，5 元作为保修服务，着实也不多，比起外面小家电修理开盖就要 50 来元不知优惠了多少，于是心安理得付钱走人。后来我们问及沪籍室友，方知其妙。原来，上海的商家不仅通晓全区乃至全市的市价，而且又能准确把握顾客的心理，所以他报最低的价。倘若顾客经过一番比较，一旦回头必定是真正的买主。这时商家再"小耍"手腕，只加 5 元保修费，这样，既留住了客户，又在顷刻之间多赚了 5 元。千万别小看这 5 元，商家对此很有研究，使用得又颇有名堂。对于粗心的顾客，以为自个听错，无以心动。对于细心的顾客，商家便当即说明原因，等于为本店作了又一次免费的广告宣传。真可谓是一块"成本"的石头打下了两只能带来收益的鸟，他们何乐而不为呢？

占座手法"高明无比"

上海的公共汽车颇多，一辆接一辆，一趟挨一趟，却依然奇挤无比。为啥？一则，本地人口多，按全国第五次人口普查的结果，上海是全国人口密度最大的城市之一，仅南京路，每平方公里的人口数要达到 5 万~6 万之多。二则，外来人口多。上海每天的外来流动人口逾 500 万，外加上海每年举办的 300~400 场国际会议或展览会，这样，外来打工者、国外来访者、参加会议者、观光旅游者云集。于是乎，在公共汽车上挤占座位便是司空见惯的事，然而，正是这最常见和司空见惯之事似乎也最能体现上海人占座本领之过人之处。上海的公共汽车，车内座位一般较少，这样大部分人就只能站立于座位一旁，以候其"动"。大凡这个时候，便有一些手拎小包的中年妇女或秀发飘逸的年轻女郎，走到你跟前，从腰间摸出一"S"形小钩，钩在靠背上，然后挂上小包，靠你很近，似乎要照看小包，令人很不自然，于是让一点空位给她。可她们好像很贪，贪得无厌且得寸进尺，不知不觉就占据了你方才的位置。大凡这时，你方觉上当，因为当座位上的人要下车离座时，她毫不费力地就先你而坐上了位子，而你却眼睁睁地看着她坐上了本应属于你的位子。心里气急不过，但为时已晚，只好孔乙己般"白"她一眼，也算"经济人"那种"受骗上当"的心理得到一丝正的效用补偿。

日常琐事上"精打细算"

上海人的精明不光有生意场上的工于心计和占座手法之高明无比，而且更多地体现在日常琐事的精打细算上。拿公共汽车上买车票来看，确令我刮目相看。一次我坐 71 路无人售票车从古北路去外滩，一路上交通繁忙，红绿灯频频闪烁，车子走走停停，于是，邻座一中年妇女大发牢骚。当我问及为什么不坐两元的空调车，她用生硬的上海普通话给我讲了起来："我坐了多少次的空调车，积累的经验是这一程空调车只比无人售票车快 5~6 分钟，但价格却比无人售票车贵了五角。而且空调车和无人售票车一样都不能直达，我还得换乘 55路，有这两元钱，我换了车到五角场只要再拿一块钱就够，而坐空调

车我就至少得多拿五角钱。再说，现在是下班时间，不比上班时间，所以我宁可慢 5 分钟，少花五角钱。"听后，我沉思良久，摸摸自己袋中的百元大钞，想想自己日益吃紧的预算约束，百元不也就只等于 200 个五角吗？更有甚者，这位市侩妇女对不同时间之效用和收益的准确拿捏，的确让我这位受过点经济学训练的人自愧弗如。突然记起张五常的一句话："经济学是真实世界的学问，有时候，没有学过任何经济学理论的人，三招两式就会使一个理论高手招架不得。"这说的是理论也要向实践学习，到实践中反复检验。想着想着，更觉得这位妇女的话言真语切，感觉她的经济学功力也许远在我辈之上。

装修房子时"金玉其内，败絮其外"

近年来，全国的建设步伐大大加快，于是，居民搬迁和装修房屋成为举国上下之最大的消费热点，国人乐之，政府亦乐之。可是，比较一下北方人和上海人在装修时的不同做法，亦可爆出另一让人惊叹之消费理论"亮点"。北方人装修时对人家能看到的外部装修特别讲究，因为这是他们的面子，也是他们身份、地位、品位、素质的象征，相反，他们对内部则要求不高，能简单就简单，很显然，因为这部分人家看不到。可上海人装修房屋却并不像北方人那样讲究外部排场、豪华，他们更看重的是内部的精雕细琢。何以如此，第一，外面是给人家看的，自己没有得到什么实惠，反倒白白浪费了金钱。第二，外部装修太好可能还会带来负面效应，因为外部豪华讲究的装修等于是给那些善于偷鸡摸狗之人传递了偷窃的关键信息。第三，上海的气候多雨、潮湿，外部装修的好与天气的坏两相矛盾。换句话说，外部装修成本大收益小，甚至为负。相反，内部装修不仅实惠、内敛，好处为自家人尽情享受，而且避免了可能的祸端。可谓，好处多多。"两利相权取其重，两害相权取其轻。"在这样的关键时刻，精明的上海人当然做出了理性的选择。

偌大世界，精明者可谓多矣。然而其精明之法也枚不胜数。有生意场上一刀宰人的"精明"，如菜场上卖鱼灌水、猪肉打针、大米渗油、酒精兑酒、冒充名牌，他们梦想以最小的成本获取最大的利润，而不顾及顾客的生死安危；有生意买卖中短斤少两的"精明"，如秤盘底下放铁片、苹果箱里放大砖，耍手腕、蒙骗他人，他们梦想别人是"理性的傻瓜"，自己则是天生的圣人；也有日常生活中精打细算的精明，如上班跑步、骑自行车，下班苦等大班车，他们节约今天的开支完全是为了明天的辉煌。有因精明而昌盛发达者，如犹太人，他们崇尚人无我有、人有我新，从小处着眼、长远打算、服务他人、惠及自己、互惠互利，童叟无欺的精明；也有因"精明"而反被误的，如山西假酒、温州假货，结果使国人闻酒色变，使俄罗斯人听"温州"二字犹如见狂病犬而退避三舍，搬起石头砸了自己的脚。然而，在我们的日常生活中，我们崇尚的是那些实实在在而不损人利己、求实进取而不华而不实、开放自由而不顽固保守、世俗自利而不以临为堑的精明，上海人便是这样，他们的一些精明之处值得我们学习。

第一章

家长里短

节日送礼的经济学

"今年过节送啥礼？送啥礼呀，送啥礼，送礼只送脑白金……"这算是近年最红红火火的广告片段之一，如今就连三岁小孩都能倒背如流，这的确可喜可贺。然而，送礼的人有没有从经济学的角度来打量打量送礼这个小问题呢？

过节最好不送礼

第一，节日期间送礼既劳心又劳力，其成本与收益难以对称，因此，节日期间以不送礼为宜。在节日期间，人们的主要消费主要集中在礼物消费这一项上。比如，在美国，感恩节和圣诞节期间的销售额和利润额要分别占到商家全年销售额和利润总额的25%和60%左右。在我国，春节期间的礼物开支要占到整个春节消费额的50%～60%和全年礼品消费额的40%左右。因此，该送什么礼以及该送多少礼事关家庭、个人全年消费大局，故人人都会对它严阵以待，这对送礼者来说本身就是个巨大的经济和精神压力。不仅如此，送礼者还需要可观的时间和精力来选购礼物。选购礼物可不是件简单事。比如，他要考虑收礼人偏好什么，厌恶什么，否则很可能吃力不讨好；还有，花多少钱适宜，否则，会被人家小瞧。紧接着，他还要考虑购买礼物，最后还要选个合宜的时机把它送出去。由此，送礼的巨大成本付出可见一斑。

　　然而，从收益一面看，送礼人付出了很多却并不见得就能得到相应的回报。比如，收礼人的偏好很可能与你的猜测完全相反，结果，你送的礼物或被搁置一边，或被当做替代品转送他人，结果，礼物的效用没有得到最大发挥。再说，即便你送的礼物正如收礼人所想要，但是，对收礼人来说，该礼物哪像自己购买的东西那样合乎自家口味。还有，送礼往往是送礼在先，收益在后，这样，严重的信息不对称常常使送礼人面临着巨大的道德风险。

　　第二，送礼对国家来说是一种巨大的资源浪费。还是俗话说得好，"礼尚往来"嘛，这说明礼物不独来也不单往，但是从整个国家的角度来说，这的确是一种巨大的资源浪费。因为这种礼尚往来不过是一种财富的再分配，它既没有导致贫富之间差距的缩小，也不会促使新的投资活动的产生，因此，它和公共选择学派塔洛克所谓的偷窃行为所造成的福利损失没有什么两样。

　　1993 年，耶鲁大学的一位经济学家约耳·沃尔德福吉尔对此问题的研究为我们再次提了个醒。一次刚过完圣诞节后，他给他的学生提了这样两个问题：第一，你们在圣诞节期间收到了多少礼物，你估计它们的价值是多少？第二，如果你没有收到任何礼物，在感情上你愿意花多少钱为你自己购买这些礼物？结果，学生们的回答令他大吃一惊，因为学生的回答是：平均来说，收礼者普遍低估送礼人的礼物价值。即使是最保守的人的估价也只有礼物实际购买价格的 90% 左右，那么其余的 10% 到哪里去了？根据经济学家们的分析，这其余的 10% 的价格损失称为无谓损失，它实际上意味着资源的无谓浪费。如果该结论具有一般性，那即是说，光圣诞节期间，整个美国每年将至少有 40 亿美元在迎来送往中被浪费掉（美国圣诞节期间的礼物消费额为 400 亿美元）。如果再加上生日礼物、婚礼礼品以及其他场合所送的礼品，该数字将成几十倍增加。如果我们运用同样的方法审视我国春节期间的礼物消费，我想我们这个泱泱大国所造成的浪费比美

国绝对有过之而无不及。

因此，如果单从一个理性的"经济人"的角度考虑该问题，我们的结论就是：今年过节不送礼。

万不得已时再送礼

然而，问题并没有如此简单。第一，现实生活中，有很多个体并不符合经济学中的"经济人"假设，他们很可能以送礼为人生之最大乐事；第二，送礼人送礼也许并不期待相应的回报和收益，而纯粹是出于一种感情上的需要，所谓"送礼不要紧，感情价更高"。比如，爷爷送孙子一张爵士乐 CD，那他也许就是想送一份快乐或者好心情，或者他想鼓励孙子好好放松一下自己紧张的神经。还有，新郎送给新娘的结婚戒指的价值永远难以用相应的金钱来衡量，而小孩戴上外婆送的帽子会永远不言天寒，如此等等。第三，传统风俗和习惯使然。虽然有许多人觉得送礼不可思议，但这的确是人在江湖身不由己。可见，在这些情况下，如果我们搞一刀切，显然就不合乎民心民意。

送礼不一定送脑白金

既然如此，那么，是不是"送礼就送脑白金"呢？我看不一定。从经济学的角度来看，最好的礼物就是其效用能得到最大发挥的礼物。那么，如何才能知道你送的礼物的效用是否得到最大发挥呢？第一，在送礼前，尽量掌握收礼人的个人偏好信息，然后投其所好，这样就能使礼物的效用最大化；第二，如果有关收礼人的个人偏好的信息难以获得，那就送他最稀缺的物品。这是斯密的"钻石和水的悖论"告诉我们的简单道理，一种物品的效用主要取决于它本身的稀缺性。第三，如果你连收礼人什么最稀缺的信息也不知道，那就送他变现程度较高的礼物（或者用凯恩斯的话说就是流动性最强的礼物）。因为一种物品的变现程度越高，他就越可以方便地将它换成自己最急需的那种物品，从而送礼人的礼物效用就能得到最大发挥。如果该结论具有一般性，我们不妨再将该结论做更进一步的扩展，这样我们完全可以得出这样一个推论：如果送礼人不送实物礼品，而是将礼物的价值以现金形式送给收礼人，这样，送礼人所送礼物的效用就会得到最大发挥。

长期以来，经济学被看做一门沉闷的科学。的确如此，我国农历春节到处洋溢着春意，人们沉浸在喜庆的气氛中，而我却斗胆批评起节日送礼来了。然而，我要说的是：经济学更是一门致用之学，问题不在于它沉闷不沉闷，关键是你怎么利用和看待它。这就像送礼一样，经济学告诉我们，你可以送礼，也可以不送礼，当然，你也可以选择送甲、乙、丙、丁任何一种礼品，但是经济学却的确告诉了我们怎样做最合算、最富有意义。

第一章　家长里短

毒誓算不算一项好的制度设计？

中午回家吃饭，一进电梯，就发现了一则毒誓，它是这样说的：

×××小区的各位住户：

×××小区是我家，爱护靠大家。

如果你没有乱扔垃圾，也不高空抛物，请自觉保持，大家感谢您。

如果你乱扔垃圾，高空抛物，请停止这种不文明行为。

如果你不听劝告，继续这种恶劣行为，那么×××小区除你以外的人都会在心里默默地骂你。

当大家一而再、再而三地这么骂你时，这就是一种诅咒。

如果被大家诅咒地多了，你就会出现不好的状况，不管是身体、事业，还是爱情、金钱。这关系到子孙后代的安危，这是真的。

一看这个毒誓就知道，肯定这里的物业环境不太好。什么叫做这里的物业环境不太好？主要是这里的住户素质太差。这里的住户素质为什么太差？一个可能就是这里住户大多不是自住住户，而是租住住户。租住住户为什么不爱护自己的居住环境？主要是因为房子不是自己的，因而就采取一种短期化的行为，结果，就出现了现代物业所面临的顽疾。

怎么根治这个顽疾，恐怕大家把办法都想尽了，比如有的物业安装录像装置，这样就能有效地发现乱扔垃圾、高空抛物的现象，但由于要安装摄像头，就意味着要花费一笔钱，所以，这个好的遏制乱扔垃圾、高空抛物的做法就很难实施。还有人说，如果发现有人乱扔垃圾，或者高空抛物，就记下楼层，然后马上上去声讨。可是，没有人成天没事就盯着楼上。有的人干脆说，贴一个告示，告知大家不要那样做，但是大多数的告知都没有什么威力，文字也是文绉绉的，什么尊敬的某某，小区是我家，环境靠大家，希望大家怎么样怎么样。可是中国人几千年来一直都听这种劝告的声音。秦始皇上台时就发布劝农书，汉武帝登基时也发布劝农书，明太祖到任时也发劝告，每一朝代的制度都是各种善意的劝告，字句也同样是文绉绉的，希望大家往好的方面去做，结果，这样的告知、劝告几乎都不起什么作用。为什么？主要是因为这样的制度没有威慑力。什么叫做没有威慑力？主要是因为这样的制度不公布、不执行的后果是什么？或者有的制度虽然公布了后果是什么，但如果得不到很好的执行，这个制度也就没有什么意义。

看看电梯里的这个毒誓就知道，虽然这个制度听上去不好听，也带有几分的神秘色彩，但从制度经济学的角度看，这却是个好的制度。

第一，这个制度告知住户，什么样的做法是好的做法，不乱扔垃圾，不高空抛物；什么是坏的做法，就是乱扔垃圾，高空抛物。好坏分明，显然这只是一项好的制度的基本条件之一。

第二，这个制度告诉住户，好的做法应该保持，大家感谢你，而坏的做法，大家唾弃你。光是唾弃也没有办法，反正大家很难抓到乱扔垃圾的人，这怎么能很好地约束大家的行为呢？这个制度借助了一项心理学乃至佛学中的因果报应的说法，来告知大家，当一件坏事不断地重复并受到众人唾弃时，这个人就会产生一系列的因果报应。从科学的角度看，别人骂做坏事的人，不见得做坏事的人就会身体不好，家庭不幸，爱情不好，金钱减损，事业阴暗，但是这些都是未知的事情，谁又能保证它绝对不会发生呢？再说，大部分国人都或多或少地信佛，还有很多人可能还有几分迷信。在这种背景下，很显然这项制度借助因果报应甚至几分迷信的说法告诉大家，好事应继续，坏事应杜绝。

第三，这项制度发自民间，而不是自上而下，是老百姓在与物业顽疾反复斗争的过程中想出的一个毒招。什么叫毒招？就是扔垃圾的人、高空抛物的人看了肯定会不舒服的招。这招是否管用呢？

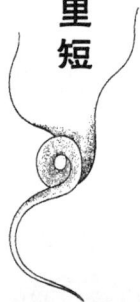

17

第一章　家长里短

答案是显然的。一个表现是，自贴出这个广告之后，扔垃圾的人开始有所减少。二是，这个广告贴出以后，有好几次都被住户而不是打扫卫生的阿姨撕掉。可以肯定的是，这个毒招开始发挥作用了。接下来的问题就是，要与扔垃圾的坏人进行持久战争，彻底打垮他们的恶劣行为。

第四，这个毒招成本低廉，实施简便，只需要小区居民印制一点传单，在各个楼层散发并张贴就可以了，而根本用不着费尽口舌，通过物业这个交易成本更高的途径来解决问题。

目前在国内的很多小区，物业管理常常难尽如人意，为什么？居民生活中的矛盾或者纠纷多而杂，物业的管理服务水平也比较有限。于是，一部分住户总是找出各种各样的理由拖欠甚至不交物业费，而在小区开展各种各样的治理行动却还要付出额外的费用，所以，很多问题通过物业常常难以得到很好解决，于是老百姓自发的治理物业顽疾的行为就开始了。本文所描述的这个例子，恐怕就是如此。希望国家或相关部门，不要以各种各样的名义动辄取缔这样的行为，也不要在没有调查和研究的基础上就制止居民自发的制度探索。殊不知，人类历史上很多很好的制度，不仅发自民间，而且还具有很好的功效。

前一段时间，我去参观世博会，看到很多国人乱扔垃圾，曾经给相关部门写过一个政策建议，就是让国人在进场之前宣誓，在场内不乱扔垃圾，如果扔垃圾，将来子孙后代变小狗。相关部门没有这样做，可能觉得挺好笑，这怎么是一项好的制度？结果，这项制度没有得到实施，我们只能依赖理论推理来评判这一制度。现在，我们看到的这个毒誓就是类似于我所说的一项好的制度设计，并且庆幸的是，这项制度已经公布出来。因为这项制度这么往外一贴，就提供给我们一个检验这个制度是好是坏的好机会。

俗话说得好，"是骡子是马，拉出来遛遛"。对于一项制度而言，恐怕也是如此。毒誓虽然是一个可笑的做法，在民间广泛应用，但却从来没有走上政策层面，原因可能不是它没有用，而可能是很多人觉

得它可笑。话说回来，可笑不可笑不值得计较，应该计较的倒应该
是，这项制度设计是否能很好地发挥制度应该发挥的作用。如果是那
样，即便是个毒誓，也可能是一项好的制度设计。

"老夫少妻"的经济学

近年来，"老夫少妻"现象在我们周围多了起来。今听某人娶了一个比自己小十几岁的少妻，明日又闻某女嫁了一个比自己大几十岁的老头。在旧社会，这种现象十分稀缺，也只有富家子弟才有此实力，穷人子弟胆敢有此奢望，肯定会被惯以"不守本分"或"癞蛤蟆想吃天鹅肉"的恶名。可是在改革开放的今天，这种现象不再稀缺，大有迅速蔓延并充斥市场之势。本文撇开其中可能隐含的种种伦理道德不谈，试图从经济学的角度给"老夫少妻"现象作出合乎理性的解释。

记得有句话说得好，"天下没有无缘无故的恨，更没有无缘无故的爱"。哲学上讲偶然性与必然性的因果对应，必然性中有偶然性，偶然性中隐含必然性，任何偶然性背后都有其必然性的东西。我想"老夫少妻"现象同样也不例外。

首先，需要说明的是，笔者认为，中国当前的婚姻市场基本上是一个有效率的婚姻市场，那些求婚的人基本上可以在市场上自愿地、平等地达成自己的婚约，而不会受制于太多的文化、意识形态等非自愿力量的驱使。这一点基本上可以从上海社会科学院社会学研究所作的一项有关"中国婚姻质量"的调查数字中得到印证。比如，2000年前后，由父母包办的婚姻约占 14.4%，其比率比若干年前大大降低；自己认识或经介绍认识而达成婚姻的占 85.6%，占到绝大多数。这两个数据表明：中国的确存在着婚姻市场，而且基本上是有效的。正如美国著名经济学家加里·贝克尔所说，在我们周围存在一个婚姻市场，在其中，有许多的男人和女人，他们每个人都尽自己最大努力寻找自己的配偶。既然如此，我们完全可以利用效用极大化、成本最小化等一类分析工具来分析我们眼前的"老夫少妻"现象，来寻找所谓的"均衡的婚姻组合"，并且笔者坚信，这样的分析将大致能够解释近年来老夫少妻现象不断蔓延的原因。下面我们先从旧社会的分析开始。

旧社会的情形 ～

大家知道，在旧社会，中国妇女由于身受"三从四德"、"三纲五常"等传统道德之束缚，根本不敢自作主张去追求个人之婚姻幸福，因而，婚姻这种资源的供给和需求基本处于封闭和半封闭状态。

从供给一方（这里假定女方是供给方）来看，基本处于相对短缺状态。虽然也有一部分具有创新、冒险意识的女子，她们想与富家联姻，因为她们可以借此达到个人幸福、改善个人乃至家庭福利状况的目的。但是，由于身受儒家正统文化熏陶时间较长，受旧社会"男主外，女主内"之观念的禁锢，这部分人毕竟只是少数。从另一面看，社会上还存在着大量的廉而有志者，她们人穷志不短，宁肯空守清贫而拒不加入供给者的行列。从结果上，旧社会的婚姻市场总体上处于严重的短缺状态，因此，嫁妆、彩礼居高不下，抢婚、强婚现象屡见不鲜。

从需求一方（这里假定男方是需求方）来看，虽然市场中有大量的有购买欲望的需求者，可是其购买行为却不得不受制于以下条件：

第一，需求者购买力十分有限且存在结构上的严重不对称。在旧中国，农民人口占绝大多数，可是他们却身受多重制度约束，生产工具十分落后，虽殚精竭虑，终日被困劳作，但其生产效率极低，除了维持基本生活必需之外，其剩余产品几乎被地主尽数掠夺，哪还有能力与精力去寻找年轻貌美的内人。而恰恰相反，人口占极少数、靠农民养胖的地主阶级，他们不仅心有余而且财力又足，完全可以凭借雄厚的财力和物力随心所欲寻找既年轻貌美又才华横溢的女人。

第二，封建社会意识形态软约束所致。五千年中国文明史，受儒家正统文化熏陶时间占了多一半时间，这样便在人们的心底形成了一

种潜移默化的封建性制度软约束。一方面，它减少了提供封建性制度安排的交易费用，但另一方面也形成了对妇女解放运动的巨大阻力。结果，从整个社会来看，人们处事墨守成规，不敢标新立异，更不用说敢冒天下之大不韪去找年轻貌美的内人。

改革开放以来

改革开放以来，华夏大地发生翻天覆地的变化。这些变化归纳起来，不外乎这样几个方面：

第一，城乡居民收入水平绝对数大幅度提高，可支配收入大幅上涨，预算线大幅度平行外移。

第二，人们的受教育程度大大提高，人们的精神面貌大大改观，人们受旧的文化这种制度约束趋于软化。

第三，从婚恋观来看，人们已经接受了"结婚自愿、来去自由"的新的婚恋观。这样，在婚姻的围城中，人们更加注重感情因素以及美满度，而不再碍于情面勉强度日。在恋爱的过程中，人们更加看重个人的偏好、自我感觉，而不再碍于父母情面、媒妁之言。恋爱次数增加，离婚率逐渐上升，这从一个侧面反映了人们恋爱过程的自主化倾向。据不完全统计，20 世纪 80 年代人们结婚时的年龄差距只有 2.7 岁，可是近年来这个差距有不断扩大的趋势。20 世纪 90 年代，妻子年龄大于丈夫 3 岁的只有 1.8%，大 1~3 岁的约 12.2%，夫妻年龄相同或丈夫大于妻子 1~3 岁的最多，达 56.8%，而丈夫大妻子 6 岁以上的也已经达到 8.4%。进入 21 世纪以后，丈夫与妻子之间的年龄差距进一步拉大，比例不断上升。这些数据从另一个侧面为"结婚自愿、来去自由"的新的婚恋观做了一个绝好的注脚。80 年代不是有一句话："跟着感觉走。"它何尝不是这种新的婚恋观的生动写照呢？

现在，让我们回过头来看一看，通过婚姻市场的均衡，"老夫少妻"中的婚配双方各获得了什么？

首先，对作为供给方的女人来说，通过市场，她们找到了自己的意中人，与此同时，也找到了终生所赖以寄托的物质和精神上的满足。比如，靓女通过嫁给"老老外"便很容易实现出国梦，拥有免费学习英语的机会、尽情享受异国文化熏陶的机会以及心理上的满足。

其次，对作为需求方的男方中的年长者来说，通过婚姻市场的"交易"，他们得到了自己稀缺的、对自己效用较大的爱情和年轻貌美的妻子。在"交易"发生以后，年老一点的人得到了朝气、灵感和爱情的滋润，他们的生活因为有了年轻人的参与而变得更加丰富多彩、津津有味。而年轻一点的妻子在经济上首先得到改善，其次会得到老人的点化，为人可能变得更加沉稳、处事更加老练，在生活的汹涌波涛中也许更会劈波斩浪、少走弯路而早日到达胜利的彼岸。其结果正如自由贸易主义开山鼻祖李嘉图所倡导的，通过双方的自由交易，各自都从中获益，都以较小的投入达到比较大的产出。这不正是帕累托所描述的"在不使任何其他人利益受损的情况下使其他人的境况有所改善"的情形吗？

婚姻是社会学中一个永远难解的"潘多拉情结"。爱情也许就像被魔棒点过那样让人难以琢磨。然而，通过运用经济学的分析工具分析和看待"老夫少妻"现象，我们却的确获得了另外一个让人耳目一新的视觉，正如贝克尔所言："即使是政治乃至社会现象，不管它是多么丰富多彩，也不管它是多么离奇古怪，只要它处于市场经济的社会氛围中，我们总可以找到藏在其背后的，促使它运动、变化、发展的经济上的原因。也许正是经济学的这一特点，即它研究问题的本质，而不是问题是否具有商业性或物质性，因此凡是以多种用途为特征的资源在稀缺情况下产生的资源分配与选择问题，均可被纳入经济学的研究范围。"这一点也许可以解释近年来经济学之所以能在多个领域长驱直入的原因吧。

第二章

生意内外

老板喜欢什么样的下属？

在芝加哥时，一天我们吃过饭与中国邻居聊天。他们刚从北京归来，感触颇深。我们的谈话从北京的"鸟巢"谈到国家大剧院，从"十一"的安检谈到交通安全，从北京机场候机厅之间的地铁到奥运场馆的赛后利用等。老太太在中国生活了几十年，是一所大学的退休教授，又跟着女儿在芝加哥生活了七八年，对中国和芝加哥的生活都有着深刻而耐人寻味的体会。

老太太的女儿只是个本科生，但仍然成为美国知名大学实验室老板的手下红人。在国内时，她曾是单位里业务最为突出的一位，无论从发表的文章还是实验技术水平等看来都是如此。与她同事的那些人都是一群博士，只有她一人是本科生。后来，这个堂堂正正的国家科研单位面临着科研经费紧张的问题，实行了市场化改革。结果，这些原本擅长科研的人被迫承担起自我筹资、自我发展的重任。老太太的女儿由于是单位的科研精兵，所以早被破格提拔为副教授，并责无旁贷地承担起筹资赚钱的管理重任。她女儿是一个性格内向、做事认真的科研人员，但却并不擅长管理和经营。还好，研究所的领导对她关怀有加，所以总算体面地混过了第一年的筹资任务，可第二年就得靠她自己了。没有钱，怎么办？国家不管，自己也不是筹钱的料，于是她们科研所的 8 位研究人员走投无路，就集体跳槽来到美国。现在这些人都是美国各大学实验室的骨干研究人员。

老太太的女儿这个本科生为什么能被美国的老板相中？美国是个竞争压力特大的国家，那她怎能站稳脚跟呢？我惊奇地问道。老太太回答我说，当时美国的老板虽然没有见过她的人，也没有面试她，仅仅看了她那么多年从事这项研究的经验、发表的论文，就告诉她赶快办理来美手续。不出几个月，她的女儿就来到了美国的这个国家实验室，并且在那里一待就是8年。我不解地问：她这么高的能力为什么不向老板索取更高的工资？老太太回答说：她就是那种死心眼的人，一条胡同走到黑。无论是过去还是现在，只要是老板交代给她的事，从来没有搞不定的。这不，前几天休假回中国，这可急死了美国老板。她回去一个月，光美国老板的电子邮件就接了几十个，真像没断奶的小孩。此话说得好。看看，老板对她的依赖就像小孩对妈妈的依赖，你说这样的员工老板能舍弃她吗？当然不能。

听老太太说，这个实验室外出参加国际会议，放着那么多的博士、博士后，老板都不带，带的就是她女儿一个人。这可真把她给累坏了。这不刚从北京回来，又去天昏地暗地上班了。她就是这种死心眼的人！老太太说话间带着一种很是寂寞无奈的表情。

我当即给老太太宽心。如果我是老板，想想看，会需要什么样的人呢？当然是你女儿这样的人。

第一，做事认真，一丝不苟。老板把事情交代给她图的就是个放心。这就是她为什么能够在激烈竞争的美国站住脚跟的原因。从人情世故、人际关系这个侧面看，她可能是死心眼，甚至是胡同里面扛竹竿——直来直去的那种老实人，但从老板一面看，正是她的这种品质才使得她成为美国老板的手下红人。

第二，在本职岗位上踏踏实实，兢兢业业，没有太多的分外想法。其实生活中，有很多种人，有的人很老实，干一行爱一行，不在乎周围的人怎么做、怎么说，不在乎别人的钱赚得多还是少，往往就是这种人才会成为老板最喜欢的人。还有一种人，本事的确不少，但在本职岗位上不安分守己，分外的想法比较多，有的人甚至动辄利用

第二章 生意内外

自己的本事向老板要价。这种人如果水平很高，技术很精湛，那么老板暂时也拿他没有办法，但是这种人心里得做好准备，因为老板一旦能找到替代的人选，他的位置就会不保。另外，有一种人会说不会做，或者会做一些，但业务并不是很精通，但特别擅长人际关系，这种人在这样的美国实验室里有没有市场呢？我问了问老太太。老太太说，没有市场。因为这里的企业、实验室、航空公司、公交公司、加油站等绝大多数产业98%都是私人的，所以他们看中的是能力，而不是拍马溜须之人。如果换个地方，比如从事营销等，行不行呢？老太太回答我说，那也得看业绩。但是为什么这种人在国内的市场却那么大呢？

老太太说，中国和美国的国情不一样，美国是私有制，我们是公有制。他们的老板要下属主要是干事，是基于你的能力，但我们的老板可能并不如此，因为他手中的钱不是自己的。这样，谁听他的话，谁愿意和他套近乎，他就会给谁更多的机会。简言之，体制不一样，所以不能按照一个规则说话。

突然之间，我一下子完全明白了。无论是中国的老板还是美国的老板，也许都喜欢这样的人，即他与老板的关系是一种稳定而可预期的合作关系，而不是纯粹的市场雇佣关系，是一种基于能力但同时相互信任的经济关系，是一种相互分工、相互支持的关系，因此纯粹的经济逻辑在其中扮演的作用也一定比较有限。

我补充了一句，正是你说的这种差别才促使像你女儿这样的人才源源不断地流往美国，而不是相反。因为中美的体制不同，不同的老板自然就喜欢功能不同的人，结果不同的人就按照自己不同的功能自我选择性地发展，于是就出现了不同的发展路径。这是否应了那句老话："虾有虾路，蟹有蟹路。"如果我追问一句，虾蟹道路之不同源于何处？当然是虾蟹的不同生物属性呗。

花旗银行，让我吓了一跳的银行

"选择中国银行，实现心中理想。"这是我熟悉的广告语。到了美国之后，我就特别注意起中美银行之间的差异来了。由于花旗银行在芝加哥大学有一个分行，所以花旗银行就成了我在美国打交道的第一家银行。

到了芝加哥大学后的第一件事就是去花旗银行办理银行卡。它的门面并不大，里面也不宽敞，地方相当于国内大多数储蓄所，但没有国内银行那种厚厚的玻璃墙。其业务分为两类：一类是开户，办理融资等；一类是现金、支票、转账等，并且也没有像国内那样分为公司业务和私人业务两个窗口，也没有一边忙得热火朝天，一边门前冷落鞍马稀的场面。

开户的那边是一张开放式的桌子，工作人员和申请人面对面，直接交流；办理支票现金业务的人和客户之间隔着一个稍高的柜台。业务人员站立着，面带微笑地就这样办理起了业务。我提交了护照复印件以及芝加哥大学开具的雇佣关系证明信，当场就拿到了一张临时的银行卡。半个月过后，我收到了正式的花旗银行卡，就这样我成了花旗的客户。

论花旗银行的服务，我总体感觉比较满意。每次办理业务的时间都很快，5～10分钟的样子，业务员见到客户的时候，通常笑脸相迎，走时也总是盈盈笑脸。花旗银行每月都会寄来银行对账单，要求客户确认。按照国内的习惯，我粗略地看了看就放了起来。可后来发生的一件事着实把我吓了一大跳。

原来，有三家不同的公司每个月定期从我的银行卡里面扣钱，而我却一无所知。天呐，花旗银行也有这样的事？于是我就仔细查找起这三家公司的踪迹来了。

这三家公司都经营会员业务：一家是 US Patriot Card Member

8778226682 CT 09098，位于康涅狄格州，每月扣 19.97 美元；一家是 Liberty Fun Pass Member 8775373867 CT 08101，也位于康涅狄格州，每月扣 19.95 美元；还有一家是 TLG* GREATFN54518859MAR 8002908603 CT 08073，每月扣 11.99 美元。

看着这些公司的信息，我感到非常震惊：第一，我从未去过康涅狄格州，也从来没有申请过任何公司的会员身份，它们怎么知道我的银行卡信息？第二，我的银行卡从未丢失过，它们又是怎么从我的卡上扣钱呢？因此，我推测，这宗案件绝非传统手法所为，而肯定与网络或电子商务诈骗有关。

随着私下调查的深入，我渐渐发现，这些公司通常采取这样一种方法，那就是从你网上购物的一些信用很低的公司非法获取你的银行卡信息，或者就是这些信用较低的公司以低价优惠的方法引诱客户上当。时间通常是美国感恩节和新年前后。回忆回忆，我逐渐清晰起来。原来是我在初到美国的第一个感恩节就犯了愚蠢的错误。当时在美国公共电视台上看到一个免费赢取笔记本的广告，想必有一定的可信度，于是就按图索骥，先在网上购买了一双雪地鞋、一个墨盒和一块机械手表，总价约为 50 美元，然后输入自己的住址、邮编，并选择了一款笔记本电脑，抱着试一试的态度看看是否真有免费的笔记本电脑送来。此后的三四个月里，我接到过多次自动电话系统的骚扰，电话里说我自动成为某某公司的会员等，当时感觉莫名其妙，干脆就直接挂掉电话。想不到，这些莫名的自动电话骚扰正是这些公司已非法盗取我银行卡信息的开始，结果，仅半年多的时间里我就损失了 400 多美元。

知道了这些，我后悔万分。回头一想，美国毕竟是个法制社会，在法制社会，后悔是没有用的，还不如赶快拿起法律的武器维护自己的权益，于是立刻将情况汇报给花旗银行。花旗银行的工作人员告诉我，以前曾发生过类似的情况，但通常只会扣除一个月的钱。我大怒不止，显然花旗银行是知道这样的事情的。既然他们知道，为什么不早告知给新开户的客户呢？他们解释说，在美国很多人都有这样的习惯，即每月仔细查看账单，只要发现不对，就马上通知银行；此外，他们也不知道我是否是外国人。还好，他们没有怎么狡辩，马上就告诉我怎样应对眼前的险情。

接下来的程序是这样的，我在账单上一一划出我没有授权的业务，给花旗银行发送传真，他们回寄给我确认函，要求我签名，然后他们一一发起调查。我当即询问，我的钱能否全额返还？花旗银行说："请放心，我们会妥善处理此事。"带着迷惑、惊讶和半信半疑，我就回去了。

为了确保我的钱万无一失，我特地直接打电话给这些扣我钱的公司，要求他们全额返还扣我的钱。他们告诉我，如何通过自动电话系统取消我的链接，但过去所扣的钱肯定是不能返还给我了。带着气愤，我立刻将我私下调查的结果通知花旗银行，要求他们对此严肃查处。电话那头的业务员听我的理解似乎有误，马上从总部那头调了一个在线中文同声翻译，不一会儿，我就完全弄清楚花旗银行的所有规定了。在接下来的两个月的时间内，我陆续收到花旗银行给我的约40封信件，逐一进行确认、签名。于是，原本属于我的400多美元在两个月左右的时间内陆陆续续返还给我了。

再后来，我收到花旗银行的一封致歉信，告知我，这样的事情给我带来了麻烦，影响了我对花旗银行的信任度，所以愿意给我40美元的补偿金。又隔几天，芝加哥大学分行的经理特地打电话给我，询问我对相关事件的处理是否满意。我如实回答，感觉处理还算不错。可坐在我旁边的朋友马上就说我太过忠厚老实，不如趁机好好教训一下花旗银行。毕竟这样的工作失误是出在花旗银行，并且别人非法从我账户上扣钱也的确给我带来了很大的精神、时间上的损失，作为花旗银行，理应负起更大的责任。朋友这样劝我，使我瞻前顾后，感觉自己有些傻。可反过来想想，自己人生地不熟的，人家花旗银行对一个外国人尚且如此，比起咱国内那些高高在上、傲慢而有偏见的银行大哥大们不知要好到哪里去了。反正钱也要回来了，自己也得到一点

第二章 生意内外

额外补偿，这件事至少说明，花旗银行还是一个比较负责任的银行。这样的事情如果发生在国内，我也不敢肯定能否得到妥善解决。还有，办理投诉期间，花旗银行的工作人员的热情、忙活、不耐其烦，接线生的专业水准，在线的同声传译，线上线下的电子签名和严格的管理制度等也给我留下了相当深刻的印象。就这样，带着孔乙己般的想法，我就了结了这桩事情。

　　不过，回过头来看，给花旗银行这样一个称呼也许是合适的。那就是"花旗银行，让我吓了一跳的银行"。那么，那些骗我钱财的公司又该得一个什么样的称呼呢？经过我多方询问朋友，加之通过这件事情的亲身体会，我才知道，这些公司就是那些利用法律空子进行赚钱的小人。他们不是不明白美国的法律，而是清楚地钻了法律的空子。他们绝不非法从你的银行卡上划拨大额款项，因为那样他们自己就会遭殃。相反，他们每月偷偷扣你 10 块 20 块的，都是些小钱，如果你马上发现，他们马上就还给你；如果你很晚才发现，那么他们就多赚点利息；如果你一直没有发现，那他们就真的捡到大便宜了。看来，国内外的小人似乎都一个德性，那就是"要么想方设法钻法律的空子，要么就是千方百计打些擦边的球"。

银行卡越多，客户的选择就越少

中国人的银行卡多，已经成了一个不争的事实，原因主要是现有的银行体系，基本上仍然带有很多过去计划经济时代的残留。虽然历经过去三十多年改革开放的洗礼，并且很多中国银行已名列世界五百强前茅，但老百姓对这些五百强实力、服务水平、服务质量的感知却远远没有如此强烈。

举个生活中的例子，大家就知道了。全国每个城市、每个企业的工资发放银行都是不同的。在这个省，A 银行是工资发放的指定银行；在另一个省，B 银行成了大家的不二选择。有时候，甚至可以说，国有企业、事业单位、民营企业单位的工资发放银行也是惊人地不同。一般而言，国有企业大多通过四大国有银行发放工资，而事业单位大多通过当地的地方性银行发放工资，而民营企业则通过五花八门的银行发放工资。可以这么说，如果我们从全国范围调查一下工资发放银行与企业性质之间的关联关系，就能不自然地发现这样一个基本的规律，即不同性质的单位通常有其不同性质的银行相对应，其中既有全国性统一银行的身影，但往往还带有浓厚的地方保护色彩。可以说，只要看看中国银行业的市场结构与竞争行为，其实就知道当下的中国经济转型还有很长的路要走。

还有，就是这些银行之间的业务通常是水火不相容的。就拿转账来说，如果你要将 A 银行的钱转入 B 银行，这个通常是比较困难的。首先，银行的业务人员会告诉你，为什么要转入其他银行呢？相反自己银行系统内部的转账就非常方便。其次，他们还会告诉你，如果你非得进行这样的转账，你就必须接受很高的收费标准。比如，我就碰到这样一次情形，当时为了买房，硬是拿着这家银行的转账支票跑到另外一家银行，结果，对方就因为上面的客户姓名、金额之外的一个非常次要的信息中的一个字与电脑中不一样而拒收。结果，逼得我们周旋了半个上午，只好拿着支票回过头去，将该支票在本银行系统内部的另外一个支行兑换掉。

最明显的例子就是过去很多年的 ATM 上的跨行取款收费。表 1 给出了部分金融机构的 ATM 存取款的一般收费情况。从表 1 中所列的业务来看，ATM 同城取款的收费竞争相对激烈，因而收费最为便宜，近半数银行免费或头若干笔免费，收费最高的也就每笔 4 元。竞争程度最为不充分的是 ATM 异地跨行取款的收费，没有完全免费的，最低也是头若干笔免费，其余的，有的每笔收取固定费用，有的按金额的 0.5% 或 1% 收取费用，还有的在前者的基础上再加 2 元。

表 1　　　　部分金融机构的 ATM 存取款的一般收费情况

（以大连市为例，2012 年 9 月）

银行	同城跨行取款	异地跨行取款	异地同行取款	异地同行存款
上海浦东发展银行	2 元/笔	金额的 5‰，最低 5 元	金额的 5‰，最低 3 元，最高 50 元	金额的 5‰，最低 2 元，最高 50 元
中国银行	4 元/笔	14 元/笔	10 元/笔	金额的 5‰，最低 1 元，最高 50 元
中国工商银行	2 元/笔	金额的 1% +2 元，最低 2 元，最高 100 元	金额的 1%，最低 2 元，最高 100 元	金额的 5‰，最低 2 元，最高 100 元
中国建设银行	4 元/笔	金额的 1%（最低 2 元）+2 元	金额的 1%，最低 2 元，最高 100 元	金额的 5‰，最低 2 元，最高 50 元
平安银行	2 元/笔	金额的 5‰+2 元	金额的 5‰，最低 2 元	金额的 5‰，最低 1 元，最高 10 元
交通银行	2 元/笔	金额的 0.8% +2 元，最低 5 元	金额的 0.6%，最低 1 元	金额的 0.2%，最低 1 元，最该 30 元
中国光大银行	每月前 2 笔免费，以后 2 元/笔	金额的 5‰（最低 5 元，最高 25 元）+2 元（2 元部分每月前 2 笔免费）	2013 年 12 月 31 日前免费	免费
招商银行	2 元/笔	金额的 5‰（最低 5 元，最高 50 元）+2 元	金额的 5‰，最低 5 元，最高 50 元	金额的 5‰，最低 5 元，最高 50 元

银行	同城跨行取款	异地跨行取款	异地同行取款	异地同行存款
中国民生银行	每月前3笔免费，以后2元/笔	5元/笔	5元/笔	免费
兴业银行	免费	每月前3笔免费，以后2元/笔（每月同城、异地取现次数合并计算）	免费	免费
华夏银行	每天每卡第一笔免费，以后2元/笔	每天每卡第一笔免费，以后2元/笔	免费	ATM上不能存款，只能柜台办理（金额的1‰，最高10元）
中信银行	每月前2笔免费，以后2元/笔	金额的5‰+2元（2元部分每月前2笔免费，每月同城、异地取现次数合并计算）	金额的5‰	金额的5‰，最高10元
广东发展银行	每月前3笔免费，以后4元/笔	每月前3笔免费，以后4元/笔（每月同城、异地取现次数合并计算）	免费	免费
大连银行	每月前3笔免费，以后2元/笔	每月前3笔免费，以后2元/笔（每月同城、异地取现次数合并计算）	免费	免费
中国邮政储蓄银行	2元/笔	金额的5‰（最低2元，最高50元）+2元	金额的5‰，最低2元，最高50元	金额的5‰，最低2元，最高20元

从老百姓的角度看，银行之间的业务联通是非常重要的，因为这样，银行之间相互联结而成的网络就成为老百姓生活中的一个重要组成部分。在这个网络中，不同的银行专业化于不同的环节，通过提供不同的服务，从中获取利润。相反，如果竞争不充分，相互之间的业

第二章 生意内外

务条块分割，就必然导致老百姓使用银行服务的成本大大提升，不方便程度大大提升，满意度就必然会下降。

在美国，信用卡可以在任何地方使用。在超市购物、在超市取款等，只要你想办理的事情，基本都可以办理。在国内，银行卡只有到银行或者 ATM 上才能取款，这样就无形中增加了银行营业网点的压力。但是，银行的人看到这么多客户就显得非常高兴。

曾经有一段时间，当中国人持有的银行卡很少的时候，全国的各大银行就殷勤和声嘶力竭地宣传大家使用银行卡，并承诺办卡、持卡免费，不交年费等。可是时间不长，当大家都拥有海量银行卡的时候，各大银行就从一夜之间开始收取年费。其实，如果进行一个仔细的调查就会发现，从每张银行卡上收取年费已经成为很多银行的利润来源之一。这些银行经典的做法是，办理银行卡免费，笑脸相迎，但如果你要办理退卡业务，他们就会让你提供数不清的手续，身份证在，本人在，仍然不行，而非要当初设定的银行密码。大家想想，10年以前办理的业务，时间长了密码谁还会清楚记得？其实，这就是银行卡进入和退出时的不对等待遇，目的乃是有意为难客户。

每次到饭店吃饭结账时，我们最能见证中国人的"富有"。食客打开钱包，只见一排银行卡，上海银行、浦发银行、华夏银行、招商银行、中国工商银行、中国建设银行、中国银行、浙商银行、中国农业银行，其实银行卡越多，在某种程度上越显示出我们银行体系的条块分割和业务难以顺畅贯通问题。

还有，在办卡时也能体现出中国银行的条块分割和行政背景。在办理地方工资卡时，客户通常没有选择权利，因为单位的财务已被某银行集体绑定。在办理事业单位财政工资卡时，客户同样没有选择权，因为某银行拥有很强的政府背景，并以指令计划下达。在办理房贷时，客户通常也没有选择，因为你买的小区已经被特定的银行"捆绑"，于是，你只能选择那个银行的服务。购买汽车时也是如此，如果你想申请分期付款，客户也是没有选择权的，因为那个汽车销售商与某银行之间已经建立了固定的业务关联关系。

其实，从经济学的角度看，这种捆绑和暗地的签订关联合同，在很大程度上损害了中国消费者的利益，阻碍了银行业的充分、公平和合理竞争，当然也违反了《反不正当竞争法》以及《反垄断法》。但可惜的是，监管部门对此要么并不知晓，要么就是睁一只眼、闭一只眼。

2011年底，全国又刮起一阵办理银行公务卡的旋风。我就亲自被公务了一把。进办公室来给教师宣传的人大体上分为两类：第一类是本单位的财务人员；第二类是某银行的职员。接着，他们就开始说，本市将全面在公共预算单位推行公务卡，这样，凡是涉及报销的人，就得办理一张公务卡，否则今后将不再能办理报销。我们就接连问了几个问题：

第一，这个卡为什么不能跟过去的一些银行卡实现业务对接？业务人员说，肯定不能。其实，大家都知道，他分明在说假话，从技术上看，这没有任何难处，只是他们心里不想如此，他们分明是想通过另外一个行政命令，占取另一块业务领地。

第二，去单位报销，只要有发票，有购物收据，不管是在POS上刷的哪家银行卡，都应该能报销。为什么就不能接受其他银行卡，而专门开辟另一个银行卡来受理此业务呢？很显然，这分明就是通过一道行政命令，塑造另外一个专门业务，攫取另外一块业务领地。这难道不是地道的条块分割经济吗？

总之，在国内银行业，客户通常都没有太多的选择权。其原因是，更高层次的机构替你进行了选择。这个更高的层次，可能是一级政府，可能是主管机关，可能是你的单位。除了这些机构，留给客户选择的余地真的太小、太少了。这种选择权的受限，其实反映了一个深刻的问题：中国银行业的竞争程度还远远不够，中国反垄断机构对银行业的监管还远远不够，中国市场化改革的道路仍然十分漫长。

路漫漫其修远兮，吾将上下而求索……

世博园不提供开水的经济理由

第二次参观上海世博园，看到了很多令人欣喜的事情。比如，第一次参观时，排队行列中的垃圾就让人气愤不堪，为此我专门写了一篇《世博会能见证多少个"丑陋"的中国人?》（参见本书第三章第五篇文章），对国人素质低劣、制度欠缺的问题进行评论并给出了很多政策建议。第二次参观世博园时，排队行列中的乱扔垃圾现象似乎已大大改观。垃圾桶三步一个、两步一个，很多护栏连接处也卡上了垃圾袋。仔细一看，这个垃圾装置还真体现了简单实用、收发方便、节省材料的设计思想。这说明，世博会的确是一个锻炼国民素质的大舞台，更是一个教育国民、促使很多制度创新得以落实的大舞台。

但经济学人就是经济学人。第二次的参观还是让我发现了一些不尽如人意的地方。比如，整个世博园里面，向公众提供开水的地方少得可怜。找来找去，就找到了一个位于加拿大馆和俄罗斯馆中间的问询中心。进去一看就发现，这个开水服务还是专供母婴的，其他人特别是泡面的人不受欢迎。为什么如此呢? 著名哲学家黑格尔在《小逻辑》一书中指出，凡是存在的就是合理的。其实经济学早就认为，一个经济现象之所以出现，必定有其背后的经济理由所在。就拿世博园不提供开水这件事来看，其背后可能的经济理由也许有:

理由之一，主办方认为，夏天开世博会提供开水没有必要，有时甚至是三伏天，所以提供经过过滤的冷水就可以了，没有必要提供热水。可是想想这个理由似乎并不完全可信。国人毕竟是国人，不是老外。老外可能只有喝咖啡和洗澡时才需要热水，不管冷天还是热天，一杯冷水甚至冰水就能解决问题;可国人就是国人，不管喝水还是喝茶向来都有喝热的习惯。随着世界经济的全球化，尽管现在不少年轻

人有喝冷水、冰水的习惯，但那毕竟是少数，很多老年人、中年人、妇女、儿童都保留着喝热水、吃热饭的习惯。世博园毕竟是面向世界的博览会、面向国人的博览会，肯定也是一个多元文化、多样展示的世博会。但在提供开水这个问题上，却似乎有点西方人的架势。看来，仅仅因为这一理由就不提供开水恐怕难以令人信服。

理由之二，世博园里游人如织，提供开水服务恐怕非常之不安全。从管理者、操作者的角度看，这个可能是构成世博园不提供开水的理由，但这个理由似乎也非常之荒唐。中国人吃热饭、喝热水的习惯对小孩、老人而言的确可能是不安全的，但中国人从来没有因此而让老人、小孩改吃冷饭、喝冷水。我们所能做的恐怕就是提醒游客，特别是老人和小孩打水、饮用时注意热水烫伤的风险，而不是相反。退一步来讲，如果说安全和吃饭、喝水都是一种基本生存需求，那么很显然，安全这一需求是比吃饭喝水相对次要的需求。俗话说得好："人为财死，鸟为食亡。"这句话充分说明，吃饭、饮食是一种比安全更加重要的需求。当两者存在矛盾时，满足前者恐怕是所有人类和动物的第一选择，除此之外，别无他途。因此，用这种理由来搪塞也不可信。

理由之三，世博主办方收取了世博餐饮企业的高额入场租金，这些企业当然想着如何快速地回收它们的租金。那么，这些企业怎样才能快速地回收入场租金呢？恐怕稍微懂一点经济学道理的人都非常清楚，那就是想方设法创设一种垄断的格局。怎样来创设餐饮企业的垄断格局呢？显然不提供水或开水就能隐性地创设这一格局。恐怕大热天不提供冷水是非常之不人道的，因此非常不可行，但是大热天不提供热水似乎却颇有人性关怀意味，而且能在实质上有效地抑制游客自带方便食品（特别是方便面）的可能。这样世博园区餐饮企业最大的竞争者——方便食品及其引发的游客自我餐饮服务就被轻而易举地化解掉了。

你看看C片区的上海城隍庙小吃王国就知道了。在那里，一小

碗约 80~100 克绿豆粥是 6 元，一碗放了点粉丝、三个小肉圆的粉丝汤是 12 元，一小碗约 120 克的蒸蛋是 12 元，一碗河粉炒面是 18 元，一听容量稍大的啤酒是 15 元，一杯西瓜汁是 15 元，一两通常是四个生煎的价格是 16 元，一串烤肉的价格是 6 元……如果与外面的市场价格相比，绿豆粥高出 650%~1100%，粉丝汤高出 500%，蒸蛋高出 500%，炒面高出 260%，啤酒高出 250%，生煎高出 400%，烤肉高出 200%。

在小吃王国里稍微兜个圈子就会发现，各种热饭、热汤、热菜的价格常常要高出市场价很多，相反，一般的冷饮比如啤酒、西瓜汁或者冰激凌等的价格就相对便宜一些。小吃城外面也是如此，各种冷饮、冰饮的价格也相对便宜一些。比如，一杯冰工厂的碎碎冰价格 5 元，只比外面高出 66% 左右。如果从经济学的角度看，在园区内，由于有冷水的供应，因此各种冷饮的销售就面临着很大的竞争和替代性，所以价格要更加合理一些；相反，各种热汤、热菜、热饭的竞争者较少，并且园区不提供热水，消费者的可替代性选择不多，因而价格要相对昂贵很多。这再次证明了经济学的一个基本原理，那就是对整个社会和消费者而言，竞争的结果要优于垄断，充分的竞争要优于不充分的竞争。

有人也许去过加州或者奥兰多的迪斯尼乐园，惊奇地发现，同样是游乐场所，迪斯尼乐园里面的餐饮价格与外面的竟然并无二致。还有人也许去过上海科技馆、芝加哥科学与工业博物馆、纽约移民博物馆，但他们也会同样惊奇地发现，上海科技馆里面饭菜的价格奇高，门前冷落鞍马稀，而芝加哥科学与工业博物馆、纽约移民博物馆里面的餐饮生意却红红火火。为什么？两相比较就会发现，两地非常不同的市场现象，完全源于两国、两地管理者和经营者非常不同的经营理念，这主要体现在两个方面：

其一，在经营理念上，国内管理者、经营者要想攫取比别人更高的利润，可以诉诸的手段通常就是通过与政府建立特殊的人脉关系，人为地塑造一种行政性或者市场性的垄断，或者通过排他性的合同抑制、限制别人的经营而获得自身的发展，严格意义上说这乃是一种"围堵"型的管理理念和"以邻为壑"的经营理念；在国外，一个企业要想获得比别人更高的利润，只能更多地求诸业务上的创新、差别化的服务等。

其二，在经营者的时间观念上，国内管理者、经营者通常都只贪图短期利益，老是想着如何在短期内赚得盆满钵满；国外的管理者、经营者却不得不思考着怎样长期永续经营，而不是贪图一时的超额利润。

有关这两点不同，无论是从世博园里面商家那些远远偏离市场均衡的商品、餐饮定价与迪斯尼乐园、纽约移民博物馆里面餐饮价格的内外同一，还是从世博园不提供热水这个做法等来看，都能得到很好体现。这说明，在过去的三十多年，尽管我们的政府、企业相比过去前进了很多，但与公众认可的、大家所期望的良序市场经济之间还有着巨大的差距。这些来自我们周遭生活点滴的信息，恐怕不应仅仅成为我们的饭后谈资，而且更应该成为我们提高企业经营、改善公共服务质量与水平的很好理由与起点。

第二章 生意内外

亏本的生意谁来做?

——美国林肯土地政策研究院印象

亏本的生意没人做,这是人所皆知的道理。但在暑假的时候,我却发现了这样一个反例,那就是美国马里兰大学的林肯土地政策研究院。那是一个非营利性的教育机构,其使命就是向学者们和研究者们传授土地经济学、税收政策、城市经济学的知识。由他们出钱,提供教材、场所、住宿、餐饮和往返路费,来培训中国的土地、城市规划和城市经济学研究者,帮助他们运用国外主流的经济学分析范式来分析和解决中国的现实问题。此前,国内各种各样培训班的惯例均是谁受益,谁付钱。用当时北京大学深圳研究生院的孟老师的话来说,美国林肯土地政策研究院的这种做法着实打乱了国内培训市场的秩序,给国内红红火火的各种培训市场扔下了一记重磅炸弹。用我的话来说,那简直就是给那些短视、没有长远眼光的人或机构扇了一记重重的耳光。

第一,这一耳光可以让国内那些热衷于赚钱,热衷于短期利益、利润最大化的人清醒清醒,当今的时代不仅是一个短期利润最大化的时代,而且更是一个长期利润最大化的时代。看看大学里那些似走马灯式更换而没有相应的教师支撑、没有相应教学体系支撑的新专业、新名词……看看那些世界 500 强那么关注顾客,那么信守承诺,宁肯赔钱,也要实现承诺的做法(比如你可以试试 Dell 在中国 286 个城市 4 小时上门服务的承诺)……再看看那些名牌私立大学如此关注自己教师的发展,如此严格要求自己学生的做法(比如英国诺丁汉大学一次开除那么多作弊学生的做法),你就知道这是为什么了。

第二,这一做法也等于给一些地方的教育主管部门扇了一记重重的耳光。这一耳光告诉我们,教育的发展不能完全依赖市场机制,但也不能不依赖市场机制,而更需要公共机构、私人机构,乃至全社会

的关心和支持。

　　过去，我们的教育发展完全是公共投资导向的，需要国家的大力支持，因为那是社会主义计划经济，是意识形态上的考虑。但在市场经济条件下，并不是国家就应该将教育完全推向社会、推向市场，让老师自谋生路，让学生自寻职业，而应该是首先制定一套很好的激励机制，让高校能够自我发展、自主投资，成为一个市场经济主体，这样有生命力、有声誉、有潜力的高校和老师就会脱颖而出，而不应该仍然像过去那样死死地抓住高校，抓住老师，控制住大家的待遇，而应该给予下属更大的权力，比如允许高校跨地区兼并重组，允许更多的民营资本、社会资本进入教育行业，对教育业进行适度的开放，对国内的职称评审体系进行大刀阔斧的改革，对国内的学术评价体制进行全面改革等。

　　哈佛大学、芝加哥大学、普林斯顿大学等之所以是世界名校，并不是它们一开始就是世界名校，而是因为它们能够在全世界范围内组织自己的生源，吸纳自己所需要的资金，在全世界范围内选择它们的老师，给予老师更优越的发展机会，用一流的教学方法和体系来训练它们的学生。哈佛的老师塑造了哈佛的学生，而哈佛的学生又支持了哈佛的发展。如果，你问问哈佛、芝加哥、普林斯顿等大学其成功的主要原因，它们的回答肯定是那里的机制，而不是那里的大楼、马路。

　　2007年5月，国家总理在同济大学百年校庆典礼上讲道："有一句哲言，一个民族有一些关注天空的人，他们才有希望；一个民族只是关心脚下的事情，那是没有未来的。我们的民族是大有希望的民族，希望同学们经常地仰望天空，学会做人，学会思考，学会知识和技能，做一个关心国家命运的人。"

　　在我看来，这句话其实是一语双关。

　　第一，一个民族、一个企业、一个国家不要只关注眼前，而更要关注长远。我的解释是，关注眼前就会向前走，不会被绊倒，但只关

第二章　生意内外

注眼前就会误入歧途，甚至迷失方向；关注眼前只能保证今日安稳度日，但并不能保证明日平安无事；关注短期利润最大化只能保证眼前有利润可言，但并不能保证未来也有利润可言。

第二，一个人、一个老板、一个经理、一名学者、一个校长、一个县长、一个省长和一个总理不能只做赚钱的生意，亏本的生意也要做。我的解释是只做赚钱的生意只能保证眼前有钱，但不能保证未来有钱；只做赚钱的生意，只能保证自己的短期利润最大化，并不能保证长期利润最大化。如果全做亏本的生意，这个人、这个老板、这个经理、这个学者、这个校长、这个县长、这个省长和这个总理就不会有长远的发展，他也就不成其为一个人、一个老板、一个经理、一个学者、一个校长、一个县长、一个省长和一个总理。换句话说，赚钱的生意要做，但是关系个人未来、企业未来、国家未来的亏本生意更要做。

既然如此，那亏本的生意应该由谁来做呢？

我的回答是，首先，应该允许私人来做。比如国家可以颁布法规，允许民营和个体经济进入对国家长远经济发展有重要支撑的教育、科技、生物、海洋、基础设施、银行等诸多领域，让它们与国有经济、集体经济以及外资经济进行公平、公正的竞争，让它们在竞争中成长。与此同时，国家可以通过产业政策、产业指导、产业监控等方法对它们进行协助。比如，人们常认为教育是一种需要长远投资的公共物品，经济学的常识是，这样的商品可能出现供给不足，但是国内外的经验表明，只要允许私人和民营经济进入，允许它们发挥自己的创造性和积极性，相信它们会做出令人想象不到的好成绩。比如，我国台湾的私立大学占到大学总数的 2/3，美国的私立大学更是占到了 4/5，都对所在地方的长远经济发展起到了至关重要的作用。

其次，如果没有私人、民营经济插足的领域，也就是我们所说的真正亏本的领域，那只有国家出面来做。举个例子，国家可以颁布法令，看看慈善、希望工程有没有私人来做？如果所有的私人、民营经济都没有兴趣，那么国家就成立一个慈善和希望工程总公司，由国家组织和实施这些关系社会发展和长期稳定的大事。又比如，我国要研制先进的太阳能汽车，国家就应该首先公布这一想法，然后在全国实行招标，看看有没有私人、民营经济投入这一行业，如果没有人愿意投入这一行业，那么同样国家可以委托某一国有经济或者国有大学从事这样的研究。

早在 1776 年，斯密就说道，国家的职能在于公共基础设施、国防、教育、警察、治理犯罪等领域。今天看来，这一说法错并没有错，但是需要修正。通俗地说，国家的职能就应该是做亏本的生意，做私人、民营经济不愿做的生意，而那些别人能赚钱、能经营的生意就留给私人、民营或者其他组织去做吧。"为人不愿为，做人不愿做"，"有所为，有所不为"，这就是美国林肯土地政策研究院从事亏本生意带给我们的启示。

第二章 生意内外

财富能圆快乐梦吗？

每个人都喜欢高工资，很显然，高工资意味着你有更大的选择权，而更大的选择权是你变得更加快乐的一个必要条件。因此，在大多数人们的心里，财富＝快乐。

然而，近年来，很多社会学家和心理学家却发现，随着财富积累的同时，人们感受的快乐却并没有比过去增加。比如，他们的一项调查显示：平均而言，在过去的 50 多年里，美国人、欧洲人和日本人并不比 20 世纪 50 年代时感觉到更多的快乐。其原因有二：一是习惯使然。比如，50 年前，电饭煲被人们看作奢侈品使用，而今天它已成为家家户户的生活必需品。这意味着当人们习惯了自己的收入状况和生活水平以后，他从高生活水平中得到的快乐便会很快消失，结果人们便将这种生活水平的改善和快乐程度看作常态，从而自己并不比原先感觉到更多的快乐。

二是人们感受到的快乐程度不仅取决于自己心里感到的快乐水平，而且也取决于别人的快乐水平。一次，研究人员向哈佛大学的学生提出这样两个问题：你愿意（a）别人赚取 2.5 万元年薪而自己赚取 5 万元年薪；（b）别人赚取 10 万元年薪而自己只赚取 5 万元年薪。结果，大部分学生都选择了答案（a）。伦敦经济学院的经济学教授 Richard Layard 教授评论说，别人比自己多赚钱会引起自己的不快乐，这就好比是污染具有负面溢出效应一样。这样的事实意味着：你当然可以赚取更多的金钱，但是当别人也赚取了更多的金钱时，你从自己多赚的钱中获得的快乐便会很快消失甚至变为负值。

这似乎并不是危言耸听。这样的事情在我们面前也一再重演。二十年前，当一个大学毕业生拿到 82 元的基本工资时，他会感到高兴不已，因为他的工资是当时工人工资的几乎两倍还要多。可是，改革开放三十多年后的今天，当学校支付给他的工资比过去增长了近二十

倍之后，他心中的快乐却远远不及二十年前的一半，因为社会上的平均工资水平上涨了三四十倍还要多。今天，我们也常常见到这样的现象：为工作紧张劳碌甚至感到有些痛苦的人常常是那些高薪白领，而比他们工资低几十倍、靠捡破烂为生的老夫妻，当一次拣到三个以上纸箱后，他们满脸的笑容可能要持续一两个礼拜……

所有这些似乎都说明这样一个道理：快乐不仅是一个经济学问题，而且也是一个心理学问题，它不仅取决于人们的财富水平，而且也取决于自己心里的预期水平。1964 年，著名的心理学家 Helson 发现了这一心理学原理。当时，他发现：人们在对温度、亮度、声音等变化做出反应的过程中，过去已有的经验或者现有的经验在很大程度上决定了人们对温度、亮度、声音等的适应水平。这就是所谓的"参考依赖"现象，它是指人们在进行经济决策的过程中，他个人的偏好水平在很大程度上是依赖于他个人心理上的那个参照系，而并不一定依赖于决策者的收入、福利和境况的总水平。1979 年，两位心理学家 Kahneman 和 Tversky 在研究消费和收入的关系问题时再次印证了该原理。他们举了这样一个例子：一个储户原打算将自己闲置不用的美元存入当地银行，他心理上的利率水平为 0.8% 左右，因为这是他在美国所看到的利率水平，可是，当他到当地银行后发现美元的挂牌利率只有 0.56%，大大低于他的心理价位，于是，他大失所望，不仅没有存钱，反而干脆将自己原先已存入的美元拿出投资房地产生意。

其实，早在两百多年前，经济学先圣亚当·斯密就曾告诫人们，人们感受到的快乐通常包括两个部分：一个是从生活必需品中感受到的"真实的快乐"；一个是从奢侈品、虚荣心中感受到的"虚幻的快乐"。一百多年后，一位美国心理学家亚伯拉罕·马斯洛也曾将人类的需求划分为高低不同的五个层次，并且认为只有当较低层次的需求得到满足时，人们才有可能去追求更高层次的需求。两位先哲从不同层面对同一问题的见解恰恰告诉我们这样一个基本的哲学道理：当一

个人连基本的生存都不能满足时，他的快乐便根本无从谈起，但是，当一个人的收入得到很大改善时，这并不见得他就真正快乐。原因是金钱只能保证生活必需品带给人们的快乐，却永远难以保证虚荣心极度膨胀所要求的那种虚幻的快乐水平。我们可以打个形象的比方，财富是现实，而快乐是梦想，毕竟现实与梦想之间有相当的距离。

既然财富并不等于快乐，那么，对现实中生活的我们来说，如何才能在有限的财富水平上达到较高的快乐水平呢？澳大利亚著名的福利经济学家黄有光教授告诉人们：第一，端正思想态度，要看到"钱财乃身外之物，快乐才千金难求"。第二，不要太过虚荣，不要在消费上与人攀比，"虚荣伤身，得不偿失"。第三，降低你的期望水平，因为"期望越大，失望会越大"。也许只有这样，财富才能圆你快乐梦。

人在旅途

列车员卖小板凳与供求

春节探亲后坐火车回上海，因正值春运高峰，火车上挤得人山人海。原有的座位已经严重饱和，过道上被堵得水泄不通。车行约一小时，列车员一改往日常态，不再兜售各种小商品，堂而皇之地卖起了小板凳。"六元一只"的叫卖声传遍了整个车厢，一阵烟的功夫，小板凳销售一空。

大凡学过经济学的人几乎没有人不知道这是怎么一回事。19世纪美国西部大开发时，精明的美国人戴维没有加入到淘金者的行列中去，靠制作和倒卖牛仔裤而成就了一代知名品牌"Jeanwest"。1989年20世纪最后一次日食来临，沈阳市一小贩靠卖望远镜而一改往日清贫。1999年10月1日50年国庆大典、澳门即将回归，双喜临门，远处西安的前进工业公司灵机一动，因生产和销售小红旗而脱掉"亏损大户"的帽子。这样的例子在我们周围不可谓不多。然而要运用自如，达到预期的效果，却不能不煞费一番心机，因为任何看似简单的东西，其背后必然有其技巧和规律所在——若用经济学的话说，该例子体现的经济学原理也许就是，有需求就有供给，需求能创造出自己的供给（和萨伊定理完全相反）。

供给商品的时间要巧

从列车员卖小板凳来看，他不迟不早，偏偏是列车上人满为患时开始兜售，换个角度看，是列车上人们对座位的需求大于座位的供给的那一刻，这时列车上座位存在严重短缺。假定存在座位的自由交易的市场，那么在价格机制的自动调节下，必定会出现列车座位交易价格上扬，那些对座位的评价高于座位转让价格的旅客愿意以高价购买座位，而那些对座位的评价低于座位给他带来的收益的旅客将愿意放弃座位，其结果是座位在旅客之间进行了自由配置。

其情形正如土地的供求状况一样，在短期内，土地的供给保持不变，因而对土地的过度需求将只作用于价格本身。现实的情况是正值春运，列车上旅客严重超员，大部分旅客对座位的评价大大超过他出卖座位之收益。即使有一部分人愿意让渡座位，从总体上来看，过度需求的情况依然存在。若此刻列车员能不失时机开始兜售小板凳，那情况就会发生变化。小板凳此刻几乎是火车座位的完全替代品，随着小板凳供给增加，对火车座位的需求会迅速减弱，火车座位的转让价格将下降。因为和火车上座位的转让价格（1999年时一般空调硬座的转让价格是30元）相比，小板凳的价格（1999年时是6元）低得多。结果从总体上看，座位的供给增加，座位的需求得到缓解，买卖双方在新的较低的价位上达成均衡。

但是，这是否就意味着列车员就已经达到利润最大化呢？我看不一定。因为超额需求的存在从理论上说是一个时间区间，从需求大于供给的那一刻开始，一直到需求开始小于供给的那一刻。所以仅仅从理论上来分析，火车过道上人最多的时候便是需求最大的时刻，也就是板凳兜售的最佳时机。但是现实的情况是这个时间比较难于把握，它受制于许多的随机因素，带有很大的不确定性。然而客观点看，列车员如果再能晚几个小时开始兜售小板凳，可能效果会更好。

所供给的商品要巧

在该例中，旅客对车票的需求是直接需求，是第一性的需求，其实质是旅客对乘车权利的需求。而旅客对座位的需求是引致需求，即由于对乘车的需求而引起的连带需求。对车票的需求很容易给人造成错觉，似乎买了票就是买了座位的使用权。事实上对车票的需求可以分为两部分：一部分，买车票就是买座位，对车票的需求就等同于对座位的需求。这部分旅客，他们没有车票宁可不走，这部分人主要有公务人员、商人。而另一部分，只要有票能上车，即便是挤在过道上、睡在座位下也要上车，他们对乘车的需求不等于对车票的需求，这部分人主要有民工、开学在即的学生等。换句话说，第一部分人他们对车票的需求和对座位的需求是一回事，而对第二部分人来说，即使他们的直接需求得到了满足，他们仍然存在着对座位的需求，或者说，他们的引致需求尚未得到满足。

再来看一看牛仔裤的例子。在美国西部大开发时期，大批人涌入淘金者的行列，这时，人们对挖矿工具如铁铲、铁锹、淘金化学药品、挖矿劳动力的需求就是直接需求，而对制造铁铲、铁锹的原料，淘金化学药品的原料，挖矿工人所需的食品、蔬菜、衣物、日用品以及遮阳伞等的需求便是引致需求。然而问题巧就巧在直接需求易于为商家发觉，而引致需求一般藏于直接需求背后，不易被人发觉，所以，往往为人们所忽视和遗忘。然而这个被遗忘的角落往往正是商家千金难买的商机所在。谁最先发现，并能掌握"先机"，谁就能最先到达成功的彼岸。在火车一例中，对车票的需求引人注目，众多商家乃至个体户视之为鱼肉，他们为此进行激烈争夺，其结果，即使有幸代销经销，但是在过度竞争的状态下，利润已经平均化。而火车上卖小板凳不仅不受政府行业管制，而且没有众多商家竞争，这个被遗忘的角落给经营者带来了丰厚的利润。

行文至此，似乎仍有几分遗憾在心头。试想即便是列车员能十分理性地行事，在旅客对座位的评价最高时开始兜售小板凳，又火眼金睛就引致需求做文章，但是他仍然没有达到利润最大化。因为殊不知对座位的需求只是旅客在乘火车时才有的一种时间性很强的需求，待他们一下车，对座位的需求便烟消云散。如果列车员清楚这一点，便

可以在这上面做文章，即在旅客下车之前再回收小板凳。这样一则免除了旅客的烦恼，因为小板凳是塑料制成的，难于折叠，待旅客一下车以后，反倒成了他们的累赘。二则列车员可以重新利用，在下一次车上又可以如法炮制，再演一幕。这样不就等于仅仅只是出售了小板凳的使用权，又攫取了高额的利润。三则小板凳的效用多次发挥，其使用价值极大发挥。如果真是这样，那岂不是三全其美的好事吗？

就《列车员卖小板凳与供求》一文答某医学博士

某医学博士，您好，您在如下的感言道出了自己对我《列车员卖小板凳与供求》一文中问题的若干思考，非常感谢您的如下说法，我愿与您就这一问题继续进行探讨。

您在我的博客上留言说：

（1）火车上"卖小板凳"与美国西部"卖牛仔裤"的情况不同。简单来说，对于买者来说，美国西部的买者，完全是在自由平等的情况下进行买卖的，他与卖者之前不存在任何一般意义上的关系，而在中国国内的火车上，买者事先已经付费了，按照购票这个契约，他应该享有座位和安全准时到达目的地的权利。可现在，他花了钱，却没有座位，想坐还要另外出钱，这合理吗？这与"卖牛仔裤"的情况相同吗？如果按你的理论，是不是当坐火车的人多时，车站是否可以将座位拍卖，那岂不更好地追求利益的最大化？

我认为，在追求利益的同时，应该要遵循一定的游戏规则！具体到坐火车这个例子中，有座位与没座位的价格应该是不一样的。如果消费者花了同样的钱，当然就应该享受同样的服务。在列车乘务组一方来说，要做的应该是让每个乘客在出了钱后，舒适、安全、准点到达，而不是想办法再继续敲诈乘客的钱财！

火车上，我也受过类似的罪，当站得受不了的时候，就想到餐车里坐一下，可就被要 30 块钱！可两三个小时后，又到了吃饭的时间，又再要掏钱！那30块钱买的东西，估计真正的成本不到一块钱吧！坐火车的时候，才知道真正的中国人权状况！

（2）看到你的介绍，你是经济学博士，本人是医学博士，可能医学博士的收入和社会地位与你们相差很远，所以你所考虑问题的出发点，就在于权贵阶层了，而不顾草根社会！以我自私的看法，是不是社会学方面的人，都是没有什么人性了，想到的是尽是权贵们的利益！！本人对社会学方面不大理解，文字功底也很肤浅，请莫见笑！致谢！

对您以上的说法，我的看法和评论如下：

无论从契约还是其他角度看，火车上卖小板凳与美国人卖牛仔裤例子没有什么两样：

第一，火车站在卖票前一定是告知现在卖的是坐票还是站票，且站票与坐票价格一样，愿不愿意接受这个约定乘客请便，所以乘客可以完全等到正月过后再错时回家过年，而没有必要非要购买这张火车票。在这里，车站并没有强迫要求乘客买票。既然如此，所以就不存在强迫契约的情形。

第二，市场条件下，只要消费者有选择的权利，他就完全可以用脚投票决定自己将钱到底是投向汽车、飞机还是火车。火车上服务差，对顾客推行价格歧视，消费者完全可以用脚投票，选择自己认为合适的交通工具而不一定要盯着火车。在这种自由选择的条件下，如果火车一直不改变服务态度，它就只好接受被淘汰的命运。其实，现在铁路方面已经看到市场选择的力量了。老实说，与前些年相比，火车的服务态度已经变得好多了。航空公司不也看到竞争的压力了吗？前些年民航总局三令五申不让航空公司打折销售机票，那完全是为了航空公司的利益，严格地说，这涉嫌违反《不正当竞争法》。可是，这个禁令有什么用？出于竞争的目的，现在各航空公司为什么又纷纷开始销售打折机票了呢？原因是它们发现，与其遵守民航总局的规定不断地亏损，还不如不遵守规定赚钱，看来是它们变得聪明了，变得真正开始追求利润了。

第三，追求利润有两种方式，一种是追求短期利润，一种是追求长期利润。列车员卖小板凳就是追求短期利润，这种追求给列车带来了一定的利益，也给消费者带来了一定程度的舒适。这难道不是好事吗？这总比当年一点利润都不追求、对市场一点反应都没有对消费者好。其实，这就是一种进步，尽管还很不完善。

第四，火车上服务态度差，对顾客实行歧视定价，这不是火车行业的人员素质差，而是中国铁路的眼光短浅，只顾眼前利益，不顾长远利益的结果，也是中国铁路业竞争压力不够大的结果。真正应该承担社会公正角色的不应该是火车或者交通行业，而是政府，政府没有制定好一个公正无偏的游戏规则，没有及时干预这些有碍公平、涉嫌垄断甚至纵容垄断的行为，恰恰是政府的失职。

第五，你说我是经济学博士，赚钱容易，收入高，为权贵说话，其实，我也是草根，收入更没有你们高，我一个月享受的国家财政工资是2500元，其他是课时费。我没有心情为权贵的利益而摇旗呐喊，也没有义务为他们呐喊，我只是觉得市场机制是一个很好的价格调节机制，它可以很好地调动或者刺激那些对市场没有反应的人。火车没有反应，消费者会选择汽车；汽车没有反应，消费者就选择飞机；如果飞机也没有反应，那只要国家允许民营企业经营这些行业，我想它们就会被激励进入这些行业，并且我确信民营企业肯定也能经营得更好，而这些原有的对市场没有反应的行业、企业也许就会萎缩或倒闭。问题的根本是国家默认了对这些行业的垄断行为，只要这些行业取消垄断，引入竞争，情况马上会改观。

第六，经济权贵我也不喜欢，但到底怎样才能约束他们，我想就是打破他们的垄断，允许社会上的人对他们的地位进行竞争。只要这一垄断破除了，竞争出现了，他们就会改变他们的傲慢和偏见。经济学鼓励竞争，最不喜欢垄断，所以，说我为权贵呐喊，那肯定是说错了。

第七，经济学不是社会学，社会学讲人与人的关系、结构等，强调的是情感联系、社会联系，经济学讲的是效率，是社会福利的最大化。不让火车赚钱，火车就没有积极性改善服务，让它赚钱，它就有积极性改善服务。所以承认企业的盈利性是市场经济存在的一条重要原则，而承认人的自私性和选择自由则是社会前进的一条坦然大道。只要企业们都追求利润了，它们就会关注顾客，而只要顾客追求自身利益并拥有选择的自由，他们就会用脚投票。至于怎么投票，我想消费者比我们更清楚。

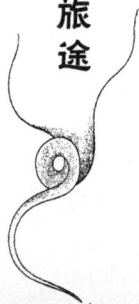

第三章　人在旅途

多姿多彩的多伦多

没有到多伦多之前，我的感觉是美国、加拿大的大城市应该没有什么差别吧。可到了多伦多，我的感觉只有一个——多姿多彩。

机场的热心人

让我先从下飞机说起吧。全世界上大多数地方的机场大多是交通要地，因而也是商业活动最为密集的区域。我到过不少城市，国内的比如长沙、武汉、重庆、郑州、广州、西安、北京、深圳、香港等，国外的比如芝加哥、旧金山、纽约、波士顿、奥兰多等，但给我的感觉都差不多，比如商业活动氛围隆重。比如，到了西安出租车司机会紧跟着你说"出租就坐咱的，别人的是黑车"，到了重庆也会有人跟着你说"让我帮你拉行李"，到了郑州有人不断向你喊话"发票要多少有多少"，如此等等。但我到多伦多的感觉却是机场冷清，商业氛围也不浓重，只见一个亭子兑换外汇。出了机场的大门，几乎看不到几个人，前面就是公交站，站台上也零零落落几个人，想问怎么坐车也找不到人。还好逮住一个本地人就问，那人十分热情，不仅给我指站点，而且还给我介绍说，一定要准备 2.75 加元才行。可我硬是捏了一把加拿大硬币就是不认识，于是那人又帮我数硬币，接着还拿出 25 加分给我，因为我恰好缺少这个数。当时，我的第一感觉是害怕，心里嘀咕着，这应该不会有鬼吧，但看着那人整齐的装束，严肃的言语，我心里的谜团尽消；接着，我的第二个感觉——愧疚又油然而生，怎么刚下飞机就拿人家加人货币呢？于是拿出 5 加元给那人，那人不收，并说"第一次来，拿着不要紧"。就这样，我心里暖呼呼地就坐上了 Airport Rocket 192。

素不相识的买票人 ～

下了 Airport Rocket，我以为就到市中心了，结果下了车听到广播后才发现，这里是到市区的地铁中转站，于是我就跟着人流进站并坐上了地铁，但心里却是十五只桶打水——七上八下的。刚才我没有付钱，也没有看到买地铁票的地方，再说进站的时候，也没有看见别人买票，而我也没有因为没有买票而被拦住呀。于是就硬着头皮坐上了地铁。还好与一个加籍青年的聊天中才发现，从机场出来只要坐公交买了票，然后中转地铁、再中转其他车辆就不用再付钱了。后来几天的经验也的确证明了这一说法。后来，参加完多伦多大学东亚经济问题研讨会出来，回宾馆又要坐地铁，这可怎么办？因为自己口袋里找来找去，又是缺少 25 加分。还好，我有 3 加元，可是在地铁站点上投了半天，但就是不管用，投进去，吐出来。这时刚好有一个刚从地铁里面出来的小伙，我赶紧就问，小伙二话没说，把我领到进门口，我以为他要帮我指示如何投币，没想到他拿着自己的卡一刷并说道："进去吧，不用投了。"我这才明白，因为进口的灯已变绿了，我急忙感谢，那人顺便回了一声"good luck"，便很快消失在人群中。

地铁里的舞者 ～

上了地铁，就看到几个年轻人边吹口琴，边跳街舞，面目打扮得跟唱戏的一样，头戴羽翎，鼻子也套了长长的装饰，看上去就像卓别林。顿时，地铁里面就变成了迪斯科舞厅，一人吹琴，三人跳舞，中间夹杂着华尔兹、探戈、踢踏舞的步法。中间一人上来还拉人，意思很明显，"小伙别傻坐着，跳跳吧"。旁边一个小伙见状，加入了进去。我告诉他们，让他们面对我，我要给他们拍照，接着他们就开始吹唱。就这样，和着地铁里嘈杂声、口琴声和报站广播声，我便来到了自己所住的 Downtowner Inn。

旅馆里的南来北往者 ～

我住的旅馆是一个青年旅馆。以前没到美国就听说欧美甚为流行的青年旅馆，于是在出发前就在网上预订了这家旅馆。看看地理位置就在多伦多市中心，可价钱却异常低廉，当时心里就冒出三分害怕。后来在问了他人之后才知，这类旅馆一般为私人旅馆，并且条件相对简陋，所以这才放心前往。

进旅馆的当天晚上，我曾有几分后悔。一则旅馆里面空气污浊，东西也摆放得拥挤不堪；二则里面住的人有说法语者、说英语者、说日语者、说西班牙语者各色人等，感觉异常杂乱。可在我当天晚上及其之后几天的开窗通气之后，这一状况迅速好转。与此同时，每天晚上的闲聊成了我学习国际知识的免费课堂，也成了练习英文的"英语角"。早上吃早点时，一楼的一间房子又成了讨论各国饮食、风土人情和政治经济新闻的 workshop。闲聊中得知，有人来加拿大找工作，有人来求学，有人中转，有人来开会，而也有不少的年轻人常住这里，将这里当成了一个国际学堂，当成了与他人交流、学习、讨论以及消除寂寞的场所。而也就是在这些闲聊中，我得知了中国人在多伦多、在加拿大所占的人口比重，德国人见面如何打招呼，魁北克人如何在法语与英语之间寻找平衡，用印度语如何说恭喜发财，如此等等。顿时，我的一种感觉油然而生，加拿大异常多元化。

会场上的加籍中国人 ～

开会当天是星期六，与会时碰到很多加籍中国人。有在那里学习的留学生，有全家移民加拿大的年轻教员，还有奔波多个国家的"学习流浪者"。会议之前，你甚至可以用中文进行相互交流。但会议一开始，纯正的英语便溜出了这些海外华人的口边。他们发音准确，语调纯正，字正腔圆。这些人的论文主题多半与东亚问题相关，但听他们发言的立场，已完全是加拿大的口气。其实这也不足为奇，

毕竟人家已入了加籍。会议完毕，主办方邀请与会人员去中餐馆进餐。席间，有关不断发展的中国的话题又成了我们讨论的主题，他们脸上对祖国的那种期盼和关注让人难忘，其间透露出的对国人劣根性、很多制度的不满也让人颇感意味深长。这时，有位中国朋友在我的耳边偷偷说了句话："埋怨和不满其实并不表明他们嫌弃祖国，而表明他们嫌祖国进步得不够快。"

Casino 赌场

会议结束的第二天，我有时间稍事休息。在多伦多大学经济系王博士的督促下我就去了 Casino 赌场。其实我是最不爱赌的中国人之一。记得每年春节的时候，周围的朋友总是叫我去打扑克或者麻将，名义上是玩玩，但实质就是赌博助兴。但我每次的推诿无意间便给我弄了个"小气鬼"的恶名。其实我是真的不爱赌，没想到最不爱赌的人还是去了加拿大最大的赌场。

原来 Casino 赌场为了活跃赌场的生意，和很多旅游公司联营，结果旅游公司便以十分低廉的价格将顾客拉到赌场。但很多中国人的本意并不是去赌场，而是去赌场所在的尼亚加拉大瀑布旅游。我的本意也是如此，没想到加拿大有两家经营同样业务的公司：一家是 Taian，一家是 Taipan。他们都去 Casino，票价都是 5 加元，都是先打电话预订，都是中国人经营，整个车程上都是英语、粤语的导游，但只有一家去尼亚加拉大瀑布。结果到了那里后，我才发现，我去的那家就是不去大瀑布的那家。

无奈只好在赌场里遛了两圈。里面声音嘈杂，各式机器乒乓作响，各种声音一齐开动，赌场里充斥着各色人等，但东方人似乎占据了不小的比重，娱乐、饮食、洗澡、办公等设施一应俱全。我试图想看看其中的究竟，但无聊还是很快占据了我的心田：第一，从很早的时候起，赌博就不是我的比较优势，与别人玩赌博，输多胜少，得不偿失，玩还不如不玩；第二，我的本意是去尼亚拉加大瀑布，因为它

带给我的效用无限大，而赌场对我的效用无限小，甚至为负。

可是，回头想想这趟来加拿大所参加学术研讨会的收获，机场里的热心人、地铁里的舞者、地铁里素不相识的买票人、旅馆里的国际大学堂等所带给我的正效用，我心理就平衡了很多，毕竟我所获的净效用远大于零。

美国到底强大在哪里？

刚到美国的朋友都会感到奇怪，美国貌似很强大，但很可能与自己的想象差距十万八千里。就像一个网友所写的那样，美国有什么独特的地方，简直就是一个偌大的农村。除了纽约、洛杉矶、芝加哥等大城市之外，其余的地方完完全全是一幅农村景象，既看不到工业区一个个的高大烟囱，也见不到北京、上海、香港鳞次栉比的大楼，街道上也看不到太多的行人，有时候还被突然从旁边窜出来的松鼠甚至麋鹿吓一跳。所以那个刚到美国的学生就感叹道，自己花了那么多的时间考托福、GRE，结果到了美国才发现，自己完全上当了。看到这则博客，我当时就有这样一个异样的感觉。看问题切忌不要看表面，看人看景哪能走马观花。

其实我刚到美国的感觉和那个同学也差不多。看看芝加哥市中心的那些高楼，顶多能和上海的浦西比较差的地区媲美，论大楼的高度、街道的美观，根本比不上中国。到了芝加哥的郊区看看，也和那个同学的感觉差不多。但令人奇怪的是，全世界的人都拼着命往美国跑。在美国，你看不到太多的工厂，就连到了工业城市芝加哥旁边的密歇根湖，也会发现，那个湖水的纯净简直可以和九寨沟的水媲美。到商店里，买的东西除了食品之外，服装、日用品、体育用品、学习用品、小家电、冰箱、洗衣机、电视、打印机等大部分都是中国造的，而食用的水果、蔬菜等则大多来自南美洲。跟这些东西的数量比起来，真正美国产的东西其实并不多。但比比就可发现，美国产的东西多半是技术含量高的，有专利的，在世界市场上占据着较大优势的工业和科技产品，比如电报电话业务、飞机制造、航天、汽车制造、太阳能、药品、高级材料、电子工程产品、信息系统、网络科技、海洋生物产品等。

从利润率来看，中国、南美洲来的那些产品，可能只有 2% ~

5% 的利润率，而美国那些拥有专利的高科技产品的利润率则高达10% ~30% 甚至更多。从市场看，中国、南美洲来的产品所占的市场份额较高，但价格却比较低廉，也常常遭到所谓的反倾销起诉，而美国产品在国际市场上的占有率则比较隐性，因为很多的科技产品看上去是中国、南美洲造的，但是其核心部件、关键部件却是美国造的。比如有名的双核电脑芯片，一家是 Intel 造的，一家是 AMD 造的，都是美国的高科技公司。其实美国的这些产品在市场上已经构成了一种技术垄断，但是你很难用反垄断法律对它们进行制裁、起诉。道理很简单，你对它们的制裁，就是对你自己的最大制裁。原因在于你的心脏是我造的，我就隐藏在你身体里面，如果你对我进行制裁，你就会受到更大的制裁。

举个例子，美国的波音公司也让中国的几大航空公司在中国组装波音飞机，但是关键的技术、关键的零部件，中国还不能自主生产，所以中国自己组装的波音飞机尽管价格比波音造的要便宜很多，但是连自己国内的市场也打不开。原因在于，这个飞机有任何问题，飞机制造公司也搞不定，因为那不是其制造的。于是连中国的航空公司也很少购买国内组装的波音飞机，于是美国造的波音飞机就仍然翱翔在中国的蓝天上，而我们即使能组装飞机，但只能让它在低空飞行或者干脆就停在地上。

很简单，美国人的策略就是，凡是你能造的，成本比我低的，我干脆就不造，而我要造的就通常是你不能造的，或者你能造但质量比较差、科技含量也比较低的产品。比如，电脑、网络科技中有很多的技术，美国人就拥有专利，但是一旦你们取得了对这种技术的成本或者技术优势，其就不造了。比如联想收购 IBM 的 PC 业务就是一个例子。那是因为制造电脑的材料世界上到处有，中国的劳动力成本又非常低，电脑生产中的关键技术已经非常成熟，没有什么秘密和专利可言了，所以其就主动退出，由你们来经营。

看看世界上每年来美国进行博士后研究的人数就知道，这早就成了美国的既定国策。你们好好培养人才吧，辛辛苦苦培养了 20 ~ 30 年，从小学到中学，到高中、大学、硕士、博士，只要一毕业，我给他们一个博士后位置，他们就都来了。如果真正是美国所需要的，那就干脆留下来吧；如果不是美国真正需要的，他就得回去。有人说，这就是美国的一种人才"撇脂"战略。中国的初等教育很好，你就努力培养人才吧；法国、德国的工程教育很好，你就努力培养人才吧；印度的电脑、信息科技方面的人才很好，你就努力地培养吧；埃及的考古人才不错，你就好好培养吧。博士毕业以后，只要我抛个橄榄枝，他们很快都成了美国的人才，不管种族、不分男女。

别的不说，到芝加哥大学的医院去看看就知道了。那里最多的人是中国人，都是来读博士后的，来做各种实验的。人数起码有 200 多名，再加上世界各国来的，估计应该有 400 名以上。这些人的年薪大概 3.5 万 ~ 5 万美元，除去在这里的生活费用 1.5 万美元左右，每年省着点，净收入也应该有 2 万美元左右，也就是说一年的纯收入有 12 万 ~ 13 万元人民币。这些人如果在国内，月薪按照 7 000 元的较高标准计算，那么年薪约为 84 000 元，除去每月的各种开支最少应该要 3 000 元（以大城市计），那么年纯收入约为 3.6 万元人民币。两相比较就会发现，与其回国还不如在这里做做博士后，这就是那些中国博士后的真实心理。于是芝加哥大学医院里的中国博士后们就越来越多。

用一个博士后自己的话来说，"我虽然就是个高级技术员，或者实验室的技术员、操作员，但是第一，我的年收入在减去各种生活开支之后，每年有 2.5 万到 3 万的美元收入，而在国内肯定达不到。第二，在这里工作就是工作，没有其他的事情烦人，比如跑关系、找领导、拉关系，还有最烦的就是天天开会、周周开会。在这里，我唯一的任务就是从事我的科研工作，只要完成了我所从事的工作，我就可以走人。如果你有本事，老板就会赏识你，就会用你。你不用担心，因为如果你发现你的工作没有保证的时候，那就证明你的能力相对于

别人已经显得不足了。所以在工作中，你唯一需要关心的就是如何提高你的技能和实力，不让自己落伍。但在国内，却没有这样的条件。工作是重要，但是工作中还有很多比工作更加重要的事情，比如如何处理与老板的关系，如何处理与组织的关系，这次开会不去，领导会怎么看？我是个研究人员，更是个单纯的人，所以我需要一个单纯的环境"。

通过与这些人的接触，我才渐渐地明白，美国自1783年（英国承认的时候）立国以后，特别是第二次世界大战以来之所以如此强大，乃是它有一个非常高效的劳动力市场体系。在这个市场体系下，只有你有能力，你就会获得相应的报酬与职位。如果我给你的工资高，你就会来到我这儿；如果西部给你的工资高，你就去西部，东部给的工资高，你就去东部。因为你的社会安全、养老保险等都是全国联网的。到了你新居住的城市，只要上社会安全局去申报一下就可以了，所以你可以非常轻松地就在东西南北之间搞定所有的事情。此外，每个人与所在单位之间的合同都是非常市场化的。干满时间，双方正常协商，你有签约的权利，也有不签约的权利。

所以在美国你就能看到这样一系列相关的社会和经济现象：

（1）夫妻两人常常两地分居，因为谁都很难保证两人能在同一城市找到工作，这就是市场的力量。

（2）男人在外工作，而女人在家相夫教子，这样，两人就不会分居，同时也能保证在这个市场上上班的人一定是这个家庭中工作效率最高的一人。

（3）在这个城市工作了两年，又去了另外一个城市。今天在这个城市上班，明天谁都很难保证能否还在同一城市上班。今年有工作，谁也无法保证明年是否还有工作。公务员是这样，博士后研究人员是这样，大学校长是这样，民主党、共和党主席是这样，美国总统也是这样。希拉里在这个州的选票高于奥巴马，但是她绝对不敢保证，她在另外一个州也能获得优势的选票。奥巴马也是这样。她

（他）必须努力，在每个州都进行努力，这样才能在全国获得胜利。听听希拉里、奥巴马演讲时那沙哑的声音，你就知道，她（他）正处于一个高度有效的劳动市场之中，她（他）哪敢松气。

（4）美国人的离婚率相对于发展中国家而言也更高，为什么？社会学家也许有其他的解释。而我的解释却是，这正是美国高效率劳动力市场所带来的一个负面结果。在家里，谁的劳动效率高、报酬多，谁就去上班。如果你家庭的收入太低，那你就必须上班；如果你的工资不错，那另一人就待在家里；如果你在那个城市找到工作，那就去那个城市工作呗。这样，美国高效的全国范围内的劳动力市场体系很可能就会给人们的家庭生活带来一定负面影响，这恐怕是美国高离婚率的一个重要原因。

（5）美国人生活中面临的经济压力可能没有发展中国家大，这主要是美国人用于基本生活上的开支包括住房、汽车、吃饭等相对于其收入而言较低（10% ~20% ）。但是美国人的心理也许却比发展中国家的人们更加脆弱，原因是那里的家庭观念不是特别浓厚，人们来自家庭的关怀也相对于中国、印度等东方国家少，而他们来自市场的压力却更大，于是美国人对社区、教堂的热情就比发展中国家要高，人们对至高无上的上帝的崇拜也会较发展中国家的人们更为强烈。正像《圣经》里所说的："上帝掌管明天，上帝掌管一切。"因此，人在无助、寂寞、沮丧时，上帝和教堂就成了像中国家庭那样"温暖的港湾"。

（6）美国人对新观念、新知识、新人的接受能力较发展中国家更强。我就经常看到，很多年龄不小的白发老人，坐在公园里看书，还有很多人已经年过花甲，仍然对学习外语、技艺抱着很高的热情。在中国，读博士那是年轻人的事，但是在美国的校园里，常常见到四五十岁甚至六十岁的老人在攻读博士学位。因为在他们一生的生活中，处处充满了竞争，各处高唱的都是力争上游的奋进之歌。

其实，说白了，上面我们看到的这些现象，都不过是美国非常有

效的劳动力市场体系所带来的一系列必然的结果。如果再将这个逻辑更进一步推广，我们至少还可以看见，正是因为美国拥有一个相对于其他国家更加有效的劳动力市场体系，所以自从 1783 年以后，世界各国的人才都往美国跑。自 20 世纪 50 年代以来，美国成为世界上发明创造最活跃的国家和世界上经济最为强大的国家。

所以，看起来美国就是一个偌大的农村，没有高耸的烟囱，没有一片片的工厂，然而这无妨它成为世界上最为强大的国家，因为其有的只是世界上最大也最为有效的劳动力市场，它不需要工厂，它的工厂在世界各国，它也不需要冒烟，它冒烟的工厂在发展中国家。

威尼斯的船公与中国的教育体系

最近路过威尼斯，顺便一睹水城风光。当时我们几人租了一条漂泊不定的悠悠小船，在波浪中前行。我们全没有穿救生衣。出发时，我纳闷不已。心中一直嘀咕着，我又不会游泳，万一掉入水中，三分钟内不就完蛋了。一个即将冉冉升起的经济学家就此毙命，结果文章没写出名前，靠着毙命世界名城威尼斯而出名了。尽管那样能出名，但我还是很不情愿，宁肯多活几天，等着堂堂正正地出名。因为我知道，学术研究犹如马拉松，只有跑到最后才能获得奖杯。船出发前，我就问了船公一句，这样是否安全，船公回答安全，请我们放心。

我就坐在船头，晃晃悠悠地出了港。河中来回穿梭着数不清的大船、小船、电动船、人力船，国有公司的船、私人经营的船。各船有各船的称号，各船有各船的站点，各船有各船的 logo。船停岸边时，既没有豪华的船坞，也没有排场的停船场面。河道就似街道一样，过几分钟就要停靠岸边。岸两边深插入水中的无数个木杆，虽在别人看上去高低不平，甚至有碍市容，但那就是航船停泊的港湾。只要将船绳系在木杆上，小船就停得稳稳当当，仿佛男人的臂膀常常让女人停靠一样。

船在前面拐了一个弯，来到了羊肠小道上。水道变得十分狭窄，一不小心就会碰到旁边的河岸。这时站在船尾的船公的作用就得到了极大发挥，快碰上河岸时，船公脚马上蹬踩墙壁，小船就被推到了反面的方向，于是险情立马化险为夷。刚过了这一关，前面又来了一艘机动船，哒哒哒的声音提醒了船公，他小幅摇晃着船桨，机动船就这样紧贴着我们的小船开了过去。一次，我正襟危坐，好让同事为我照相。这时，船公的一声大喝免除了我的手被对面游船刮伤的可能。

越往前走，河道越窄。这时，我们头上一个窗子突然关了起来。一个老师傻乎乎地用英语问船公："楼上的人会不会泼出水来?"船

船

65

第三章 人在旅途

公没有直接回答，倒问一句："请问你们从哪一个国家来？"我们一行人立马意识到船公问话的意味。原来，问话人所问的问题常常就透露出问话人所处的环境。我立马自作聪明地要考考船公说："日本人"。船公回答说："你们不可能是日本人，日本的教育体系是世界最好的教育体系之一，这样的事情在日本不可能发生。"同事中有人马上用中文对我说："赶快承认是中国人吧，这个船公太聪明了。"还未等我们回话，船公马上说："你们是中国人。"同船的人感到十分吃惊，但更觉得脸上一阵羞愧。

但羞愧之余，仍感觉有很多需要深入思考的问题。第一，中国的教育体系与日本相比是否意味失败？日本的教育体系当真会保证每个受教育者都如此 nice？第二，教育体系的作用到底是什么？是仅仅在于传授科学知识和方法技巧，还是更应该重视教育和培训人？到底应该怎样培训和教育人……

但不管怎样，船公的话还是表明，他非常熟悉中国人生存的环境。尽管国家一而再再而三地重复着文明、礼貌、道德的说辞，但仍然有一些素质不高的人，一而再再而三地践踏着这样的文明、礼貌与道德。

下午的阳光明媚，当我正在电脑上飞快地写这篇文章时，我家楼上的某个素质不高的人又一次从楼上抛下几只拖鞋。虽然前几天，我刚刚才打扫完窗台外面平台上的垃圾。此刻，我只能再次叹气："中国人的素质怎么这样差！"说完了这句话就觉得自己错了，因为这是一个小概率事件，但这个小概率事件就是害死中国人的那只破老鼠。不知道，我们到底应该责怪那只害死中国人的破老鼠，还是造就了那只破老鼠的中国教育体系？

威尼斯的船公（笔者摄于威尼斯，2010 年 5 月）

第 三 章　人 在 旅 途

🔖 世博会能见证多少个"丑陋"的中国人？

在国内，人们对很多事情习以为常。比如，在参观世博会时，不少人就认为应该往地上扔垃圾，因为这似乎可以为别人创造一个就业岗位；还有人认为，之所以往地上扔垃圾，完全是因为世博会门票价格太贵了，所以扔垃圾乃是降低世博会门票价格的一个有效方法；更有人认为，排队时间如此之长，因此扔垃圾乃是一种观众在感情上的正常宣泄。的确如此，在上海世博会上，我就一而再再而三地见证了这样的丑陋现象。当时我正在排队，旁边就放着垃圾桶，但很多人就是不往垃圾桶里面扔，往脚下顺手一丢就万事大吉了。队伍的两边，没有鲜花和彩旗，而布满了各种各样的垃圾。在人行道的结合处，地上、旁边、墙上甚至下水道里面都布满了让国人劣根性暴露无遗的垃圾。

眼前这丑陋的一幕使我想起几年前类似的一幕。当时我朋友的一位法国朋友来访问，我朋友就领着这个法国人去黄山遛跶了一圈。在登黄山时，正好也碰到一个国人往地上扔垃圾。那人走后，马上就来了个收垃圾的。于是，我的这个朋友就在老外面前夸了一句："看我们中国人好不好？我们因此而创造了一个工作岗位。"那个老外反问道："为什么要创造这个工作岗位呢？如果为了创造工作岗位，那么人们可以将自己的衣服撕一条口，然后让别人去缝，这也是创造一个工作岗位。"这个老外余下的话虽然没有说出来，但我体会，他余下的话应该是："关键是这样的创造有没有意义，有没有必要，这样为什么不直接把钱给那个扫垃圾的人，不要让他干活，难道他不是更加快乐吗？"

的确如此，这就是我们国人与西方人观念上的巨大不同。在我们的观念中，乱扔垃圾不觉得可耻，反倒具有道义上的公正性；乱扔垃圾时，他没有考虑这样的行为会给别人带来什么负面影响，反觉得这是一种工作岗位的再创造。更加可耻的是，在很多人的眼中，他认为，那个扫垃圾的人就是身份低贱的人，而那些坐办公室、当总经理的人就是高贵的人。可是比这个更加可耻的是，他们根本不顾及别人因此而怎么看待中国人，因此而怎么看待亚洲人，他们只管扔了舒服完事。

在参观的过程中，我就每每被身边的垃圾刺激，一而再再而三地重复着类似的话语："中国人的素质如此之低。"我夫人反问我一句："你说中国人素质低，为什么我也看见外国人扔垃圾？"我回答说，这只说明了一个问题，我们的制度环境有问题。在美国、法国以及很多国家，都发生过垃圾清扫工罢工的事情。他们之所以这样做，目的就是告诫他们的国人以及政府，垃圾清扫工也有尊严，没有他们的工作，别人美好的生活来自哪里？我解释说，如果外国人在中国开车，每每看到行人就像国外一样停下来等人通过，那个老外的车子永远会待在那里原地不动，原因是国人不把别人的礼让当做礼让，反倒当成自己的权利。于是，慢慢地老外在中国开车看到人时也不让人。我接着说，不过这个问题与扔垃圾的情形不太一样。开车过马路，让别人走，自己就走不成，但是扔垃圾，自己不扔还是可以的。夫人总结说，反正这就是一种环境问题。绝大多数的人都不遵守交通规则，所以遵守交通规则的人就是傻瓜。同样道理，当大多数的人都随手扔垃圾，不扔垃圾就是很难的一件事。这就是柏杨说的酱缸文化的意义所在。

作为一名经济学人，我无意在此骂娘，也无意创作另一部《丑陋的中国人》，但我有意写出国人参博的这些丑陋面，然后想方设法帮助国人走出酱缸文化的泥潭。

设想一下，如果上海世博会三天不清扫垃圾，看看它变成什么样？肯定是上海臭博会，以此来告诫国人不要乱扔垃圾，想必这样的做法也会引起全世界人对国人素质甚至教育制度成败的大讨论。俗话说："家丑不可外扬。"但也许通过全世界广播电台、报纸、电视台的报道，可以让国人快速警醒，从此断了扔垃圾这个恶念头，从此跳出劣根性的怪圈。

另一个想法是，在进入上海世博会园区的那一刻，也就是通过检票口进入会场的那一刻，应该让进场的所有人对天宣誓，不再乱扔垃圾，如果乱扔垃圾，愿自己的子孙后代变成小狗。这虽然是一个毒誓，但这个毒誓也许可以帮助国人戒掉乱扔垃圾的毛病。原因是中国人爱护子孙到了极致，当他子孙后代的安危因此而受到牵连时，也许国人会快速警醒起来，不再乱扔垃圾。

还有一个想法是，通过在园区设置一定或者足够数量的摄像头，随时随地记下扔垃圾的丑陋一幕，每天在电视上滚动播放这些人的面孔，并记下数字，算算看，世博会运行的半年期间到底有多少个"丑陋"的中国人出现。到了世博会结束的时候，我们可以趁机计算一下，如果世博会参观的人数是 7 000 万，那么就可以很快算出，"丑陋"的中国人在国人中的比重是多少。应该说，这个比重对于我国的和谐社会建设，对于国人道德素质的提高，对于中国教育体制在未来的改革，对于中华民族的伟大复兴，对于有效地传承中华文化等都是一个具有重大意义的数字。

世博会排队道上的垃圾（笔者摄于 2010 年上海世博会）

人，三十而立；改革，三十而成熟

人生就是一次长长的旅行，从出生离开母体的那一刻，到死亡临头的那一瞬间。从小学到初中，从初中到高中，从高中到大学等，都只不过是其中的一个阶段；蠢蠢欲动的青春期、朝气蓬勃的青年期、不畏困难前行的中年期及至暮暮老年期，都是其中的一个台阶。

作为一名出身于农村的乡下人，我从小村来到了县城，从县城来到了省城，从省城又到了直辖市，从直辖市又来到了另外一个国家的大城市芝加哥。虽然在这里停留的时间并不长，按照国家留学基金的规定，在国外学术机构或者大学研修一年以上即可算作"归国留学人员"。想想国内外巨大的教育理念差别，看看自己的禀赋、资质，不免让人产生如此的感慨："江山代有人才出，长江后浪推前浪。"

我夫人给了我这样一个称号——"喜欢折腾的一类"。她的论据有：第一，生活中的绝大多数人早就感觉到金钱的重要性来了，而我对金钱的感觉却仍然十分迟钝和模糊。第二，学习不是生活的目的，乃是生活的方式。在当下的中国，学习还远没有成为一种人生孜孜不倦追求的人生实现，而更是一种生存和谋生的手段。而我却视这些如浮云、似粪土。从硕士到博士，再到博士后……众所周知，在国内高校，生存的方式看来看去就这么两类：第一，死心塌地做学问，两耳不闻窗外事。看着身边许许多多活生生的例子，一个人即使在学问上做得很好，评上了教授，但在面临着金钱和权势的责问时，面临着小孩上学、买房、父母养老等多重压力时却仍然那样软弱和不堪。第二，利用各自的关系，或者自己先天或者后天习得的技巧，谋求生存的可贵资源。其方法有依赖各种各样的关系成为各种各样的领导，或干脆建立自己的信息网络，依赖自己的网络来求得生存。而我却没有学会这些必要的技巧，既不会搞关系，又不会找领导，只知道沿着学术清贫的那一条道在胡同里面扛竹竿。再回过头来看看，自己接受的

并不是国内最好的教育，而面临的是越来越多的名校"海归"，此时此刻，我不能不思考这样的问题，我这个土生土长的"土鳖"到底路在何方？

在国内，在单位，在正式的场合，说假话成了一种风尚，更是一种生存的常识和技巧。而我虽然工作了这么多年，从内资企业、外资企业到国内教育机构，说的却永远是真话，于是我夫人干脆给我一个时髦的称呼——"一张嘴即见五脏六腑的人"。我夫人曾不止一次地告诫我："说真话者吃亏，露真言者冒风险。"她的例子有魏征、彭德怀、罗瑞卿等。而我却当面戳穿领导的假话，直数学校、企业管理的弊端。过去大学毕业时，爸爸和我因为我的工作曾得罪了自己单位的领导，结果弄得我被穿了三年的小鞋，脱也脱不掉，穿也穿不牢。十多年过去了，我怎么还没有吸取这些血的经验和教训呢？而我却常常用"江山易改，本性难移"来搪塞夫人的告诫。

在企业里面，能力在大多数情形下是第一位的，这就像很多经济学家经常说的那样，我的体会也是如此；然而在国内的大多数高校、政府机构、事业单位，却完全是另外一种体制和风格：沉默是金，如果真要说，那就说坏不如说好，赞扬胜于批评，成功地揣摩领导的意图就等于成功了一半……

在美国生活了一年，接触了美国大学里的各种人员，包括教员、职员。前者的角色就是学术，而后者的角色就是管理。但这个管理并没有凌驾在学术之上。这里校长的主要职责就是宣传、推广学校的声誉，筹集学术发展的必要资金，但这些资金如何运用、投向哪里却需要整个教授集体决定。在美国的高校，领导的权威就体现在他的薪水比别人多领的两个月或三个月工资，而领导需要奉献的却更多是服务。在芝加哥大学，来了新的教员，领导无权一人决定，而教授大会却是关键的决策集体。我曾不止一次地看到，这里的系主任勤勤恳恳地替前来宣讲的潜在职员端水倒茶的殷勤场面。在这里，领导的最长任期就是三至四年，一般不准连选连任。如果需要连选连任，那必须接受教授集体的讨论与决定。所以这里的院长、系主任通常就是轮流坐庄，而绝少有领导连坐长坐的情形。

我接触了很多教授，包括诺贝尔经济学奖得主贝克尔教授、福格尔教授、卢卡斯教授，他们的唯一任务就是从事学术研究，积累自己的学术成就，宣扬自己的学术观点，培养自己的学术接班人，以此带动学校的发展。而国内即使最好的教授，如果不掌握行政权威，自己的学术就完全成了痴人说梦、缘木求鱼的一类，道理很简单，发展学术是要钱的，是要付出成本的。

那么，国外的这些教授研究所需的资金到底来自哪里？第一，依赖学校的资金配备。这个资金配备不依赖于领导，而依赖于规章制度。比如作为助教授，每年学校必须配备的学术发展资金是多少钱，包括外出开会必须配备多少钱，从事研究的资金是多少钱，国外交流的资金是多少钱等，这些都是明文规定。第二，依赖自己的声誉获取学校外的资金来源。如果学校不能按照配备制度拨付给助教授、教授各种资金，这些教授就有权选择用脚投票。刚来时，我就听说这里的伊利诺伊理工大学在 20 世纪 70 至 80 年代是与麻省理工学院齐名的美国三大理工学院，而如今它却风光不再。原因何在？它没有留住那些有名的教授、出众的人才，结果它的生源就受到局限，没落了。

在国内上课时，我不止一次地高喊："人才是最为宝贵的资源，人才是成败的关键。"但眼前的景象却常常完全不同。在国内我见多了这样的事实，一个单位来了一个好领导，这个单位就轰轰烈烈、如日中天，而一个单位来了一个不好的领导，这个单位所有的人就都跟着倒霉和遭殃。IBM 几十年来长盛不衰的诀窍并不是技术，而是它建立了一种"不依赖于任何能人的机制和规章"。如果依赖能人的机制、体制、规章在 IBM、通用电气、沃尔玛等还这么大行其道，很难想象，在 21 世纪的 500 强中哪还有它们的身影？在 21 世纪一个没有疑问的事实是，中国要走向复兴，中国经济要实现伟大的经济崛起，如果不依赖于能人的机制得不到很好的建立，很难想象中国如何在世

第三章 人在旅途

界民族之林中雄风再展。

现在，中国的经济改革已到了最为关键的时候。现在改革最为紧要的不是进行企业体制、金融体制的改革，因为它们已直接面临着国内外的竞争压力，所以市场会推动着它们前行，全球化会推动着它们前行。现在国内最急需改革的，正是中国的干部人事制度，特别是公共机关、事业单位、学术机构的干部人事制度改革。这个才是未来5~10年内必须痛下决心进行彻底改革的制度。2010年，温州的一个民办学校，实行了校长的民选，这是个好的开始，希望我国的高校能够早日实现这样的机制转变。

改革的重点是什么？首先是如何约束领导的权力，如何发扬民主和集体决策的重要作用。比如，在大学里：（1）要建立教授集体决策的机制，来讨论学校发展等最为重大的问题，校长只有决定怎样做的权力，而没有决定为什么要这样做的权力。（2）领导的任期要严格规定，没有全部成员集体三分之二的票数通过，不得打破制度和规定。（3）领导任期内的财务要张榜公布，接受所有教职员工的监督。（4）学术和管理完全分离，管理人员不得干预独立的学术，管理人员不能掌握分配学术资金的权力。分配学术资金的权力应该由教授集体讨论。（5）教员与学校的合同市场化，学校不得利用档案关系等压制教师的流动，不得向教师索要赔偿。（6）建立校董事会，监督学校的重大发展决策以及领导的执行情况。（7）建立公平、公正的学术评价机制，建立学术答问制度，避免暗箱操作。只有这样，中国的高校才有可能真正重视人才，才有可能真正走向世界一流。

俗话说得好："人，三十而立。"这意味着，一个人的事业最终将走向哪里，可能需要长时间的磨砺。同样的是，我国的改革开放至今已逾三十多个年头，企业的改革已基本到位，而其余的改革却没有那么乐观，因此之故，我要在那句俗话的后面加一句："改革，三十而成熟。"否则，大国崛起，进入世界一流，都无从谈起。

第四章

刨根问底

经济学能不能研究生男生女问题？

生男还是生女的确是每一对想要孩子的夫妻必须考虑的一个现实问题。从遗传学和优生学角度看，那主要取决于夫妻双方的遗传基因、受孕时间、饮食习惯、从事的工作类型、工作环境等多种因素。从概率意义上，女性的性染色体一定是 X，而男性的性染色体可能是 X，也可能是 Y。结果是，出现 XX 组合（未来的婴儿是女孩）的概率与出现 XY 组合（未来的婴儿是男孩）的概率均等，均为 50% 。因此，如果从性染色体的决定这一意义上说，生男生女本早就被老天爷定好了，是老天的造化，从而人们也无从做出选择。既然没有了选择，也就没有了经济学的用武之地。

但人类的利己本性并没有因为他们不能在关键时刻决定婴儿的性别而遭受挫折。相反，随着胎儿的成长，人们逐渐能够根据经验来判断婴儿的性别，并且随着医学技术特别是超声波技术的日益发达，人们就更容易实现这种可能性。同时，人类的利己本性也越来越多地将人类自身所面临的繁衍问题与未来男性和女性的职业选择、生活负担、经济因素等联系在一起，于是，在性染色体被决定以后，到底让男性出生还是让女性出生就成了人们的一个非常现实的选择，如是也就有了经济学分析的必要性。

比如，在我国的广大农村地区，人们为什么会更加偏好男性呢？经济学的回答是：第一，以姓氏形式世代相传，保持家族薪火不衰。

第二，男性更加强壮的身体和生理特征更加适于农村的体力密集型生产活动。第三，男性在农村家庭的相互交往过程中也占有一定优势。比如，在两家人发生口角、争吵甚至打架的情形下，男性的多寡几乎就是决定性的因素。第四，在农村，土地类似于一种形式的社会福利，这种福利是否有效、一个家庭所能占有的数量多寡在很大程度就取决于能够耕种土地的人口的性别结构，特别是男性人口的比重。我国历史上，早就有"养儿防老，积谷防饥"的说法。这表明在农村地区，生养男孩类似于一种形式的生产性投资，它会带来将来的红利，无论对家族的未来还是对个人的未来而言都是如此。

在城市，这种情形则有所变化，开始有越来越多的家庭更加偏好女性而不是男性。比如，上海人就形象地说"女孩是棉毛衫"，意味着女孩更加贴心，"男孩是滑雪衫"，意味着男孩虽然能保持家族薪火不衰，但娶了媳妇会忘了娘，不太"实惠"，也不太贴心。

为什么到了城市就会发生这样的性别选择逆转呢？第一，城市人的受教育程度普遍较高，传统的那种性别偏好发生了变化，他们不再认为只有男孩才能保持薪火相传，而女孩只要有出息同样也能为家族争光。第二，城市人通常享有比较完善的社会福利制度，他们对子女的经济依赖相对较少，但对子女的精神依赖却相对增加，而女孩比较细腻、贴心的特点正好符合了父母的这种心理。第三，相对于农村而言，城市生活的压力较大，城市房价、受教育费用等也大大高于农村，这种经济上的巨大压力，在很大程度上改变了城市人的行为集合，逐渐开始偏好女性，或者出现性别偏好中性现象。

事实上，不光我国具有这种重男轻女的性别偏好，在国外特别是发展中的很多国家都有这种重男轻女的习惯和传统。印度就是这样一个国家。根据最新人口统计数据，印度全国平均男女比例是1 000∶927。首都新德里的男女比例仅为1 000∶819，而名流荟萃、富人云集的新德里南部地区则是全印度男女比例差距最大的地方，男女出生性别比达到了1 000∶762。

印度和中东为什么也会出现这种性别选择现象呢？这不是因为别的，而同样是这一过程之中隐含着人们利己的、非常现实的选择。因为在印度儿子不仅肩负着家族传宗接代的重任，而且还被认为能将父母死后的灵魂送往天堂。特别重要的是，一个印度新娘的嫁妆就要15万卢比左右，而这些嫁妆均要新娘的家里支付。于是，养儿子除了能传宗接代、将父母死后的灵魂送往天堂以外，而且还可以在结婚时从新娘家索要一笔不菲的嫁妆，从而在印度重男轻女就不足为怪了。

由此看来，经济学能不能分析生男生女问题并不取决于生男生女问题是属于经济学范畴问题，还是遗传学、优生学范畴问题，而主要是看这个问题中是否存在着人类的选择问题。生活中很多人认为，一位经济学者是否专务正业，主要的判断依据就是他分析的问题是经济问题还是其他问题。如果他分析的问题是经济问题，那他就是专务正业，否则他就是不务正业。我们的观点是，只要现实中存在着人类利己心的发挥空间，只要存在着人类的现实选择，就必定会有经济学的用武之地。尽管我不提倡经济学入侵社会科学的所有领域，但只要经济学对一个问题的分析比其他学科深刻、合理，我们就没有必要拒绝经济学，没有必要以"不务正业"的大帽子讽刺经济学家。因为即使经济学家不那样做，但现实生活中每个人也许都在自觉不自觉地运用经济学的视角分析问题，这就像出租车司机计算距离、买菜人讨价还价一样正常，没有什么大惊小怪的。

第四章　刨根问底

中国人命不值钱吗？

在世界上，存在着这样一种经济逻辑，即一国的人口越多，则这个国家的人命通常就越不值钱。按照这种逻辑，人命的价格在很大程度上是由人口的供给决定的。看看现实的情形，似乎也印证了这一说法。国内的某个煤矿发生事故，丧命工人一般可得到几万元到十几万元不等的金钱赔偿，而美国从事同样工作的工人丧命却常常会得到上百万美元的生命补偿。然而，如果人们听任这种逻辑，任凭其在国内蔓延，那我们将永远难以找到破解中国人命不值钱的千年谜局。

道理很简单。如果说中国人多，所以中国的人命就不值钱，那么，一般人便可以非常容易地将造成中国人命不值钱的原因归结为如下两个方面：第一是普天之下的中国百姓没有出息，太爱生孩子了；第二就是中国的历史、中国的文化或者一种崇尚多生多育的风俗，所以不能怪天地老子，要怪只能怪中国人以及中国文化本身。

更有甚者，如果让此种逻辑任其发展，其结果就会给那些肇事者或者那些对人命不关心的人或者组织一种为自己无知观点辩解的理由。

尤其让人不可想象的是，它在人们心中竟然形成了一种默契，得到了如此多公众、管理者的认可。其结果是，国内的企业、生产者、运营者就更加无视生命的可贵。结果，这样的事故就一而再再而三地重演，哪怕是国务院总理、国家的领导一而再再而三地强调也无济于事。

这不，2008 年就再次发生了类似的人员伤亡事故。报道称，上海的公交汽车燃烧，12 人受伤，3 人被活活烧死。原因不是这些人傻，乃是汽车的前后门打不开。这样的事故，如果发生在美国，那么只有两种结果：一是这家公交运营公司会面临着继续经营的困难，因为光是对这些人的高额生命赔偿，以及这些受伤者的医药费，就足以让这家公司陷入严重的信用和财务危机之中。二是这家生产出没有安全出口的公交汽车的生产企业将面临着继续经营的困难。因为按照美国的法律规定，所有公共汽车制造商都必须在自己生产的公交汽车上安装类似于飞机上的易推卸式的安全门装置，否则这样的汽车就不能投产。相反，国内的公交汽车制造商却并没有如此做。常常看到的情形却是，公交车上的某个窗口安置一个小型铁榔头，但经常乘坐公交车的人就会发现，这些小榔头早就被那些更加无知和没有安全意识的乘客偷走了。作为公交汽车制造商的相关技术人员和生产者不可能没有意识到这一点，作为质量监督和生产安全监督部门的工作人员也不可能没有觉察到这一点。

笔者以为，造成这起事故的原因不是这家公司或者那家公司的无知，乃是这种荒唐的、无知的、藐视中国人生命价值的、貌似合情合理的逻辑蒙蔽了公众、管理者的眼睛。

如果如是，那么，解决此类人员伤亡事故的办法绝不是经济学家所开出的那种经济惩罚的办法，而是中国历史上法家早就给出的那种非经济的办法，即加强生产、运营安全的立法步伐，大大人为地提高中国人命的价值，并严惩那些肇事的企业和单位，让那些无视生命价值的企业和生产者为自己的行为付出异常高额的代价。这样，就会在宏观上形成一种奇妙的正向激励机制：

第一，由于中国人命的价格现在已变得极其昂贵，于是这些公交工具的生产者或者运营者就会加强其在生产安全、运营安全上的投资和技术更新，以更多的投资和较高级的生产技术来替代从事危险工作的劳动力，这样，这类安全事故的发生概率就会在客观上大大下降。

第二，由于这种新的有关生产安全、伤亡事故赔偿等是通过立法的形式进行确定和颁布的，于是这样的逻辑就会逐步在全社会形成一种强烈的共识，成为推动我国在某些危险行业、危险工种、危险地区进行资本和技术替代、进行产业升级乃至技术进步的一种重要推动力。

如果真是那样，这种无知逻辑——"人太多因而人命不值钱"的离去真可谓是中华民族的福分，更是中国人"生命诚可贵"的真正开端。

"看病不贵，看病不难"吗？

记得两会刚开始的时候，就看到报纸上说，有的代表或委员对媒体说，其实在中国看病并不难，也没有什么贵的。听听他们说的话大概就能猜测到，他们大概不是普通的人民大众，否则怎能如此无视在国内"看病难、看病贵"的基本事实。国家发改委社会发展司的副司长 2008 年 9 月 21 日在中欧工商管理学院的"中国健康高峰论坛"上就指出，在过去的 30 年里，我国的医药事业取得了很大的进步，但一个基本的事实是一系列的负面效应也随之出现，比如普通老百姓的药疗负担大大加重，个人支付的比重迅猛增加。1980 年，我国卫生总费用为 143.2 亿元，到了 2008 年，我国的医疗卫生总费用就猛增到 9 843.3 亿元，净增长了 68 倍。同期，政府和社会的投资由 20 世纪 80 年代的 78.8% 下降到 50.7%，个人支出由 21.2% 增加到 49.3%。他最后作出结论，"看病难、看病贵"已经成为一个新的社会问题。看看，连国家权力部门的官员已经承认了"看病难、看病贵"这一基本事实，可没有想到的是，少许的代表们仍然在高唱看病不贵也不难的赞歌。

其实，看看这些人的身份就知道他们说这话的根源了。比如"看病不贵论"的提出者之一是某发达城市的政协委员，更是本市卫生局的干部。他的理由是，看病其实并不贵，乃是人们的价值观念在作祟。他举例说，在中国，专家门诊的诊金是 7 元，但是国外请一个医生看病，诊金是 300 元。看看他的说法就知道，说这种话的人满脑子都是一本"糊涂账"：

第一，他只算看病的支出，而不管病人的收入。比如中国人吃一碗面条的平均价格差不多 6~10 元，而老美吃一碗面条的价格折合成人民币大概是 35~40 元，但这绝对不是中国面条不贵的充分理由。因为中国普通人的平均工资是 1 000~3 000 元，而老美的平均工资

是 3 000 美元，最低贫困线工资也是 2 000 美元。如果按照这个比例一计算就知道了，美国人的平均工资是我国的 21 倍，我们吃一碗面条的价格占月收入的比重是 0.5%，而老美吃一碗面条占月收入的比重则只有 0.16%。也就是说，实际上，我国一碗面条在月收入中占的比重反而是老美的 3 倍，即我国老百姓花在生存上的开支负担要比老美更重，而不是更轻。因此，如果按照这位官员的说法来提高看病价格，那中国人简直就要统统成为"医奴"，而不是原先的"房奴"以及历史上的农奴了。

第二，他根本忘记了自己应该担当的角色，而变成了为医院、为自己单位捞取钱财的奴隶。身为大城市的卫生局领导，为民请命、前赴后继、鞠躬尽瘁、不断改善老百姓的卫生和健康水平才应该是他的工作宗旨，但在大庭广众之下，他俨然变成为"医院系统"利益辩护的角斗士。此时此刻，我们清楚地看到，他早不是自己应该担当的那个公正、无私的公仆角色，而已蜕变为一个为自己位子服务、受自己位子左右、利欲熏心的无耻之徒。

第三，他说这句话虽然事小，但却清清楚楚、实实在在、明明白白地暴露了他看病时所付的医药费与自己庞大收入之间极不对称的重大问题。一个简单的数学运算就知道，如果分子不变，那么分母越大，分数的值就越小。假定医院看病的价格在官员和普通民众之间是统一的，那么，这位卫生局领导说这句话的意思就清楚不过地表明，他的实际收入是普通老百姓收入的很多倍，甚至上百倍；由于其是当地卫生局的领导，换句话说，是当地医药、医院相关部门的上级主管机关，因此，毫无疑问的是，他享受到的下属医院看病的价格肯定会比普通百姓低很多。如果真是这样，那么他看病时实际付出的价格占他实际收入的比重肯定就会低更多。所以，难怪他说出这样没有良心的话。

这位官员在为自己辩护时说，乃是人们的观念在作祟，乃是老百姓落后的观念，导致了老百姓说出"看病难、看病贵"的胡话。其实，想想就清楚了，一个东西的价格不变时，低收入的人说它贵，高收入的人说它不贵，这并不是人们的观念在作祟，乃是人们非常不同的收入在作祟。看看下面的这幅漫画就知道了，导致人们采取不同立场的乃是收入的差距，而不是观念的差距。说观念的差距，在此处不合适，更不聪明，结果，只落得一个败坏自己名声、暴露自己收入的狼狈结局。

"看病不贵，看病不难"吗？（笔者女儿赵沈书蕾画）

第四章 刨根问底

◢▇ "老鼠过街，人人喊打"吗？ ▇◣

有个学生很亲切地问我，你在生活中最头疼的问题是什么？我想了半天。我头疼的事情太多了。学生又问，最最头疼的事情是什么？我回答说，想办事的时候办不成，此时那件事情就是我最头疼的事情，而当我经常想干什么事情却总是办不成时，那件事情就是我最最头痛的事情。比如说，我的很多朋友都想身体健康，天天锻炼身体想让自己身体更好，但是无论怎么锻炼就是好不起来，那么这个无论怎么锻炼都好不起来的事情就是他们最最头疼的事情。还有，我过去认识一个人很有钱，结果得了癌症，所以托我舅舅说，如果能有医生治疗好他的疾病就给医生5万元，后来又涨到50万元，最后涨到500万元，结果还是找不到医生，过了5个月这个人就去世了。我想在他最后的那几个月里，他最最头疼的事情就是想延长自己的生命但却办不到。我还有一个朋友更加可悲，他想睡觉，但是怎么也睡不着，每天眼睛看着天空，数着星星，数着绵羊，一个、两个……就是睡不着，三点、四点、五点，到天亮。更加奇怪的是，他第二天也不瞌睡。这些当然就是令他们最最头疼的事情了。

拿我打个比方吧。过去，我想少上点课，可是没有办法，越是想少，课程就越多，那个时候想少上课就是我最头疼的事情。现在拿到了课题，于是就要经常去报销，报销就得去学校，找会计，去时笑脸盈盈，走时笑脸盈盈，为什么？没有办法，课题要我做，但是钱掌握在人家手上。可想想这也不奇怪，过去人们讲"强龙难压地头蛇"。电视剧《上海滩》、《霍元甲》、《陈真》等里面不是就有，上海滩的老大到了闸北也要低低头。许文强、陈真很牛，见了阿三也要给他留点买路钱。

这些会计愿意这样吗？他们也没有办法。那是制度规定就是这样。不信你问问，或者你向会计发发火，看看她怎么反应？有一次，我去财务科报销，只有 15 点半钟，学校 16 点 45 分下班。这个出纳就给我说，明天再来，原来是她自己把钱的数目弄错了。我强压着怒火，路上想来想去，如果今天发火了，明天还不找她吗？算了算了。现在的情形也是如此，如果你发火了，她肯定给你说，那是规定，那是制度，你向我发火没有用。有很多人心不死，于是就找到了领导，找到了会计科长，结果还是没有用，他们的说法都是一样。因为制度是死的，人是活的，与其破坏制度，还不如适应制度。这就是我们中国人的伟大之处——我改变不了制度，并且为什么要改变它呢？干脆就适应吧，但长而久之，这个社会的制度就全失灵了。

我国的会计报销制度就是这样的一个例子。你们申请了国家的课题，得到批准，国家下拨了资金给你，但这个资金怎么使用却由不得你。我不想购买办公用品，也不想出外就餐，因为我已经购买齐全了所有的办公用品，我厌烦在外面吃饭，但是报销的时候只认办公用品，只认餐费，所以为了报销，我就专门去买不用的办公用品，去外面吃不想去吃的饭。好不容易凑全了发票去报销，则先要找科研处领导，如果涉及外地出差，有火车票、汽车票、飞机票、住宿费发票等，又要找学院领导签字。为了这些事，我不止一次去找领导。国内的领导都是忙人，我也不愿意去麻烦。可是到了财务处却被打回，结果还得去找。如果领导不在，那就得下次再去报销，结果宝贵的时间就白白地浪费掉了。好不容易领导签了字，到了财务处又是让人头疼，这个不好报销，那个不好报销。用自己课题的钱购买了固定资产，又要找单位固定资产科的人批准、签名，总算精疲力竭地弄完了。下次还得这样。你的时间越是宝贵，你不得不浪费的时间就越多。难怪一次一个朋友告诉人，中国人最不值钱的就是时间，中国人最多的就是时间。想想很有道理。

前一段时间我申请了一个国外的课题，人家二话没有说，与我签完合同就将钱打到我的银行卡里了。你说干脆不干脆，你说爽快不爽快。既不需要让你每隔几天或者半个月地去跑单位一次，也不用你裁

呀、剪呀、讨呀、凑呀、粘呀地弄发票。当然也用不着会计在那里算呀、核呀、加呀、减呀地去对半天，也用不着在会计室里面弄个庞大的地方专门存原始票据，更用不着市里来专人进行审计。

既然大家都感觉到我国财务报销制度的问题，那为什么没有人提出解决的方法呢？原因是在这个制度下，作为调试、推动制度改革的一方被制度给消化了。制度的调整与变化本来应该有两个方面的力量，一个是制度的制定者，其是制度的供给者，但同时还存在着另外一方，那就是制度的需求者，也就是大部分的百姓。大家都知道，如果没有需求，就没有供给。但现在的问题是，需求一方被供给一方的人给整怕了。毕竟前者人数少，但是掌握着资源配置的权力，后者人数虽多，但是没有什么发言权，并且也没有什么机制来约束前者，结果人数众多的后者就变成了弱势群体。更加可悲的是，前者会利用其手中的权力压制、排挤后者中的敢说话者，敢表达不满者，结果后者中敢于说话的人就越来越少，结果前者制定的制度由于失去了后者的调适、反应和冲击，于是原有不好的制度就得以延续。在经济学上这就是卖方垄断下的市场低效，在中国历史上，这就是很多恶劣的制度、做法能够延续的原因。

过去，老鼠过街，人人喊打，现在，老鼠过街，招摇过市。为什么？因为原先喊打的人在不喊打光荣的制度下失声了。你说怪谁，是怪喊打老鼠的人道德沦丧，还是怪这个不好的风气玷污了喊打者的人性，抑或是这个不好的制度本身？

温州人三十年奋斗路带给人们哪些启示？

《上海人"精明"二三事》，是我多年前写的一篇讨论上海人精明的文章①。在那篇文章的末尾，我总结了"精明"的各种类型及结果（参见本书第一章第三篇文章）。

多年过后，我们再来看那段话就会发现，上海人的"精明"是属于生活、做事中的精打细算类型的，而温州人则是那种"精明"反被"精明"耽误类型的。此话怎讲？就让我们一起来看看改革开放三十多年来温州人做事打拼的轨迹吧。

改革开放之初，国家一系列政策放宽，中国民间经济的活力得到了巨大释放。在这当中，就经常见到温州人的身影。他们不仅吃苦耐劳，而且胆大心细，依靠经营小买卖，开办小作坊和小卖铺，在全国乃至全世界打拼，并迅速崛起。曾经有一个称呼在很长时间内流行——在全世界，只要能看到中国人的地方，就有温州人。的确如此，改革开放的最初二十年间，温州人的足迹遍布五大洲、四大洋，涉足的行业无所不包。温州本来地处山区，且与台湾海峡距离不远，因此是国有经济有意回避的投资目的地。20 世纪 90 年代去温州看看就知道，在温州，民营经济才是行业老大，而国有经济至多能排上老二。街面上，比较高大气派的大楼很多都是民营企业或者私人的大楼。当时，全国人用一句礼貌又敬佩的称呼——"亚洲犹太人"来称呼温州人。

如果说温州人最初的成功源于他们的精明、胆大、心细和善于经营，其实一点不假。按照当时的地理条件，从温州到宁波、上海，要坐卧铺汽车 7~8 小时，既没有火车，又没有飞机，并且与台湾隔海相望，处于台湾火炮的射程之内，连国有经济都不敢光顾，但勤劳勇

第四章　刨根问底

---

① 赵红军：《上海人"精明"二三事》，载《渭南日报》，1997-02-14。

敢的温州人却敢。正是改革开放所造就的那种不怕艰难、勇往直前的改革环境，加上温州人的胆大、心细与精明，所以，温州人一步步走向辉煌。后来，全国各地纷纷出现温州商会、浙江商会，曾经有一段时间，每年都要举办全球温州商人大会，其风光、热闹曾经让全中国人羡慕，让海外人仰慕。

然而，温州人的好运从1998年后便开始发生了转变。这时，中国经济已经步入改革的深水区，仅仅依赖当初的胆大、心细和勤劳似乎已经不足够了。从行业来看，温州人的足迹已经进入了制造业的每一个行业，并且制造业的竞争也因为越来越多精明、勇敢温州人的进入而变得日益激烈。另外，温州人在全国所引起的示范效应，也开始不断向闽商、晋商、陕商、徽商、沪商等传播。1998年国家开始进行福利房制度改革，取消福利房，推行住房的市场化改革。这次改革再次让温州人捷足先登。这次住房制度改革最先从上海开始，但本来"精明"的上海人在温州人面前大多都裹足不前。毕竟，他们的精明是生活中、做事中精打细算类型的，而不是胆大心细的投资类型的。在住房投资面前，他们有些望而却步。第一，他们大多依赖国有经济生活，依赖工薪生活，因此，对于具有较大风险的房地产投资不敢涉足。第二，他们住惯了国家的福利房，对社会主义制度的优越性有着比别人更加深刻的体会，他们心里不断寻思着同样的问题，"国家怎能将为社会主义奋斗几十年的无产阶级置于不管不顾的境地，肯定不可能"。于是，就是在这种不断充满思想斗争的时间里，上海的各个小区、每个新建的工地、每个售楼处都充满了温州人。当时的上海市政府对此并没有觉察到。直到2004年时，上海的房地产市场的交易额突然大幅度上涨，价格也一路攀升。那些在上海有房子的人突然发现，他们都成了这次住房制度改革的"受害者"。他们正因为自己有房，所以根本不急于购买，等到他们的钱存够了并准备买房时，他们纷纷都成了买不起房子的人了；相反，此时的温州人则成了赚得盆满钵满的人。

上海的各大房地产研究机构几乎在一夜之间发现，原来温州人在上海市场炒房的资金，至少在 5 000 亿~20 000 亿元，并开始建议国家对房地产市场进行有效调控。但温州人的心里其实非常清楚，中国的房地产市场刚刚起步，国内对于市场规律的了解可能离温州人还是差了很多。于是，他们继续在上海、北京、广州、南京等大中城市拔地掠城，所向披靡。在迪拜、纽约、东京，在温州人能够到达的大城市，都在进行着类似的复制……

其实，进行一个研究就会发现，从 1998 年开始，温州的资金越来越多地退出实业领域，抽身而进入房地产领域。以《新闻晨报》所报道的打火机行业为例，2001 年时，温州仅仅打火机生产企业就足有 4 000 多家，占据了全球金属打火机市场 80% 的市场份额，所涉及的每一个小小的生产零件，在温州当地都能找到几百家生产者和竞争者。此后，在尝到房地产市场暴利的甜头之后，越来越多的温州人从制造业抽身而退，而进入到了一个不仅需要胆大、心细和精明的行业，更需要理智、头脑和策略的世界当中。在这个世界中，不仅充斥着全球的金融大鳄，而且充斥着无数有背景、有来头的商人，而且拥有巨大政府背景和不可能出现资金链断裂的国有经济、集体经济。

与这些人所受的教育、在中西方所经受的历练、在高级商学院所接受的世界顶级培训相比，温州人自然就显示出其致命的基因缺陷。竞争对手接受过系统的教育和科学素养学习与培训，温州人大多自小出门经营与摸爬滚打；竞争对手对市场经济理论优点、缺陷的了解，至少在书面上已经清楚地知晓，所剩下的无非是需要时间的磨炼，而温州人则不仅缺乏这些理论知识的书面训练，而且常常带着来自实践磨炼所形成的某种固执与不屑；竞争对手中出现了越来越多熟悉国有经济、政府经济运作规律的难对付的人，而温州人仍然秉承"有钱能使鬼推磨"的铁律，不惜以贿赂、腐败等不正规的方式打破别人的垄断与规制。

1999—2001 年间，我曾经数次以某外资企业区域经理的身份前

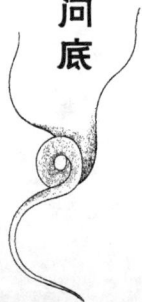

往温州，与当地人谈生意合作。但几个回合下来，我已经对温州人丧失了信心。以至于我发现，我那时对温州人的印象已经与我早先的印象不能同日而语——他们似乎已经太过精明，似乎已经完全习惯于所谓的空手道练习，这只会不利于温州人的更进一步发展与经营。

再后来，随着国家对房地产市场的打压与规制，很多温州人只好转战中西部地区、中小城市。与此同时，越来越多的温州人开始涉足高利贷这一非法的金融行业。黄仁宇曾经在《中国大历史》中坦言，宋朝未走上工业革命道路的原因是：第一，当时的政府在数目字管理方面差距甚大，对于如此复杂的经济现实，难以进行有效而合理的管理；第二，这些复杂的金融借贷、复杂的经济交往关系，需要契约制度、警察制度、市场维护制度、公平竞争法规体系的完善，而这些在当时还很不现实。

现在回过头来看，温州人面临的情景其实与此并没有太大差别。第一，他们的借贷是非法借贷，很多只是依赖熟人关系或者亲戚关系的私人信用，因此很难得到法律的保护。第二，非法的资金借贷，必然依赖于一个强大的中央银行或者地方央行作为后盾。因为资金借贷在时间上所隐含的风险巨大，加上人们对经济前景特别是政策前景的预期不确定性，往往造成这种非法借贷资金链断裂。正是由于这些不确定性都不在温州人能够掌控的范围之内，所以我们就会在新闻中看到越来越多的温州老板在资金链断裂时跑路的消息。其实，这就充分地显示出温州人已经涉足到了完全超出自己能力的领域，无论是与他们的学识、素质、经验还是胆略相比，都是如此。

每次开学之初，每当我对学生进行劝学和动员时，我都会引用宋真宗赵恒的《劝学篇》告诫学生学习的重要性：

富家不用买良田，书中自有千锺粟；

安居不用架高堂，书中自有黄金屋；

出门莫恨无人随，书中车马多如簇；

娶妻莫恨无良媒，书中自有颜如玉；

男儿若遂平生志，六经勤向窗前读。

我反复强调，人和动物的最大区别不是别的，而是学习能力。现有的知识宝库和理论经典，凝结了人类在过去几千年所积累的很多经验、教训，但人们却常常拒绝去学习这些宝贵的精神财富。我就不止一次地碰到过温州老板们的富二代，他们亲口给我讲："读书有什么用？读到博士，能赚几个钱？在中国最好或者国际水准的期刊上发表一篇文章，能赚多少钱？"其实，从这些话语中我就知道，温州人必然有栽跟头的一天，只是我不知道到底是少数人栽跟头，还是很多人一块栽跟头。

在一些温州老板跑路后，2011年10月，又看到温总理在温州视察民营企业的经营状况，我想该是我们好好坐下来，总结温州人经商三十年成败的时候了，该是国家好好想想怎样来规范、理顺温州民营融资机构的时候了。

最后，送给所有经商的温州人一句话："精明有时候也会成为精明者的'坟墓'。"这句话虽然难听，但警示意义大于现实意义。

第四章 刨根问底

国有企业、事业单位为什么存在编制？

国有企业和事业单位为什么会存在编制？为什么想起这个问题？主要是因为一次在家里跟爱人聊天讨论国有企业的事情，女儿无意中提了一个问题——什么叫做编制？想了半天，我回答说，编制就是控制国有企业、事业单位职工总数的一个规定。女儿接着问：这些企业要多少人，为什么不能自己控制，反而要别人控制？我反问了一句，你认为是什么原因导致了这样的现象发生？女儿想了一会说，肯定是自己控制不了，所以要别人控制。这就像不会走路的小孩子一样，自己不会走路，就必须依赖别人才能帮忙走路。女儿的这个回答，一下子让我豁然开朗。国有企业、事业单位为什么存在编制，是否可以这样理解，要么就是他们没有长大，要么就是在这些企业中存在着一种自我冲撞和扩张的趋势，于是就必须依赖别人进行控制了。那么，这两种理由之中到底哪一个更加令人信服呢？

首先来考虑第一种情形。为什么国有企业和事业单位没有长大呢？是否可以这样理解，恐怕主要是因为它们是圈养动物，而不是野生动物。就拿我国的很多行政主管机关来说吧，其不能主要依赖外部资金存活，也不可能主要依赖别人的捐赠生活，而只能依赖国家固定的、经常性的税收存在。它们只能在某个地域或者我国国土范围内生存，而不能跑到别的国家或者别人的地域上去征税，去筹集资金。这就像生活在动物园笼中的狮子一样，久而久之，它们就失去了狮子的野性，于是，就成了经济学家林毅夫所说的"没有自生能力的企业或者单位"。再于是，它们就难以长大，所以，国家就通过所谓的"编制"来控制这些企业的生存与规模。很显然，在这些企业中，编制的多少就意味着拨款、经费的多少，就意味着规模的大小。这样听来，颇觉得有几分道理。现实中的情形的确也是这样的。A 高校（事业单位）有 100 个编制，于是就拨 1 000 万元的资金，B 高校（事业单位）有 500 个编制，于是就拨了 5 000 万元。换句话说，编制越少，经费就越少；反之则反是。难怪，那么多的高校成天跟着上级要编制。看来，控制住事业单位的编制对它们而言就自然重要了。

如此说来，第二种说法是否还有道理呢？为什么国有企业和事业单位老是存在着自我冲撞和扩张的趋势呢？恐怕主要是因为，这些单位的人一旦进去就难以出来了，于是它的规模就会越来越大，对编制的要求就越来越紧迫了。那么，为什么这些单位的人一进去就难以出来了？为了理解这个问题，我们可以考虑如下的例子，私人家中的下水道为什么一开始很通畅，但随着时间的延续就变得越来越不通畅呢？原因很简单，就是下水道里面累积了越来越多的垃圾和污垢，从而阻碍了下水道的通畅。同样道理，为什么国有企业和事业单位老是存在着自我扩张的趋势，恐怕主要是因为一旦一个员工成为老的员工以后，就会逐步变得"懒惰"进而沉淀下来。于是，国有企业和事业单位要想继续存活，就必须不断地从上级争取新的编制，这样它们自然就会自我膨胀起来。

进一步看，为什么在国有企业和事业单位人容易沉淀下来；相反，在民营和外资企业却不存在这样的问题？看来，要理解这个问题，就不得不触及这些企业中的另外一个重要问题，那就是，在这些企业中，行政权威扮演了一个更加重要的作用。在民营和外资企业中，一个单位为什么会雇用一个人，乃是因为这个员工能给企业带来额外的产出，大于企业为他付出的代价，能为企业创造新的边际增长点。可是国有企业和事业单位雇用一个人时，并不需要考虑这个关键的问题，相反考虑的是他是否是某个人介绍来的还是谁的关系，于是，行政权威而不是经济激励就扮演了很大的份额。打个比方，老的领导进了一个员工，这个人就成了老领导的人了，将来即使换了一个新领导，这个新的领导如果胆敢对这个老人不好，在中国文化中就被解释为不尊重老领导的权威，一旦这样的认识成为员工们的一种共识，于是他个人的地位就变得岌岌可危。在这种文化氛围中，新的领

导当然就会维护老领导的利益和权威，自然就不敢对老的员工有所不敬，这样老的人就会逐步沉淀起来，干事的人越来越少，单位要干事，就只好进新人，于是整个企业就会越来越臃肿。

看看很多国有企业或者事业单位所推行的改革措施之难度就知道为什么了。在这些单位中，如果不进新人，改革就不可能推行起来。为什么？老的人都沉淀下来了，或者说老的人都成了谙熟现有潜规则运作规律的内行了。于是，他们试图进行改革，打破现有规则运作体系的激励就会大大降低，所以要在这样的单位推行改革自然就难上加难了。

中国历史上向来就有"新官上任三把火"的说法，为什么新官上任要三把火呢？恐怕主要是新官为了巩固自己的地位，要做一些有别于老政策、老领导的事情。可是当他们逐渐熟悉了这个地方老的规则和体系之后，他们进行改革的激励就开始锐减。于是，推动这个单位创新的动力就会减弱。这样的例子在中国历史上多得不胜枚举。几乎每个朝代开朝之初的皇帝大多是励精图治，为了国家的发展兢兢业业的好皇帝，相反，到了几代皇帝之后，他们就退化了。皇帝为什么会退化了？有人说，皇帝有三宫六院、七十二房，久而久之，生理和智力机能就都退化了。这个说法是生理学解释，有几分的道理。其实，从经济学角度看，皇帝的基因倒是没有退化，只是后来的皇帝变得日益老练起来了，变得越来越能洞察和体会老的规则和权力运作体系了，于是他们创新的激励就减弱了。

信息经济学中有一个模型说的是，偷懒会降低生产效率，但这个模型说明不了为什么在中国国有企业或者事业单位中，老的人会变得没有效率，新的人虽然有效率，但却不能充分发挥作用。恐怕要解释清楚这个问题，就不得不回到儒家文化的经济学意义上去说事。儒家文化倡导忠孝、礼仪、廉耻，不倡导利益、经济激励，这样，凡是接受儒家文化的人的行为就会发生一定程度上的变化。从经济学的角度看，虽然儒家文化熏陶对每个人来说都基本是均等的、普惠的，每个人都无形中接受了这种文化洗礼，但是要真正体会到这种文化的作用还是得在具体的实践当中。国有企业、事业单位就是这样一个局部的封闭环境，其中文化、行政理念大大高于经济、利润理念，于是，新人的创新冲动就通常较大，反之老人创新的激励就比较小。从模型角度看，这个解释很简单，老人的效用和行为函数在了解到这些潜规则后发生了变化，而新人的效用和行为函数还没有发生重大的变化，所以各自最优化决策的结果就完全不同了。

看来，这个问题虽小，但它却和"新官上任三把火"、"富不过三代"、一个社会是否创新、为什么有人偷懒等社会和经济问题紧密联系在一起，共同体现了一个经济学原理，那就是一个单位、一个国家、一个民族能保持一种永保创新的动力和机制，恐怕才是其保持长远发展和强大的不竭动力源泉。怎样才能保持创新呢？办法当然有很多，但是保持人事制度的足够灵活性，不仅能够使得新鲜血液不断地输送到国家、企业和社会管理的各个部门，而且也能使得老的血液得到正常的代谢，并制定出能有效让这些新人发挥作用的机制和制度，恐怕至为重要。编制虽说是一个成本较低的控制国有企业、事业单位盲目扩张的制度，但是它也容易陷入缺乏创新激励的怪圈，因此，在新的制度条件下，对这一问题进行调整和改革恐怕势在必行。

第四章 刨根问底

宏观追问

上海地价过高的连环危害

2009 年，张五常先生一篇迪斯尼不适合在上海建造的文章——《米奇老鼠不懂神州》搞得上海上下紧张了半天。迪斯尼不搞在上海，制造业再往外迁，大家说上海今后还能搞出点啥花样呢？于是，很多人就发挥着各自的丰富想象，想方设法让迪斯尼赶快落户上海。我的意见是，与其想着法子让迪斯尼赶快落户上海，还不如趁着张教授的这番话，好好想想到底是什么导致并加剧了张教授所说的迪斯尼不适合落户上海？

大家知道，土地是工业生产赖以发生的第一个自然条件。一般认为，工业生产是土地非密集型的产业，而农业才是土地密集型的产业。所以，土地地价对于农业生产是个重要的因素，但对工业生产却不是个重要的因素。这是经济学的一般常识，包括马歇尔、韦伯等经济学家、社会学家都如是说。可值得注意的是，当土地是竞争性供给时，经济学家的这个说法基本上是对的，因为企业和居民双双"用脚投票"的结果，就会降低级差地租、地理区位对经济发展的不均衡影响。但在国内，情形却没有这么简单。

首先，上海的土地不像很多市场经济国家那样是竞争性供给的，而在很大程度上是由政府垄断供应的。加上土地从地方政府手中出来之后的二级交易市场也是竞争不充分的，所以土地的初级市场垄断加上二级市场的竞争不充分，就造成了土地的高价格。再加上上海地区的区位优势，就会更大幅度地抬高上海的土地价格，于是土地的价格相对于工业生产的需要来说很可能就会出现过高现象。

在这种情况下，土地便成了在上海经营的企业不得不考虑的一个重要经济问题。当经济向好时，这种过高的土地价格可能并没有什么重要的影响，因为高速的经济增长、业务扩张会使得地价和地租的高成本转嫁给消费者，从而暂时掩盖企业面临的高额地价和地租问题，但当经济不景气时，问题就凸显出来了。一是消费者的预期恶化，市场的需求会萎缩，房地产作为需求弹性远大于1的商品，它的销量就会大幅度萎缩。二是，受金融危机的打击，消费者的购买力下降，对价格的敏感度会突然上升，由此，房地产商向市场、向消费者转嫁地价和地租的难度就会大大增加。于是，高额地价和地租就变成了经济危机的帮凶。金融危机以来，一些跨国企业以合并工厂或搬迁到外地或优化组合等形式离开上海，就揭示了上海所面临的这一基本现实。

其次，土地价格的过高不光影响企业的生产成本，而且还会带来另一个非常普遍而严重的问题，那就是上海房价的过高。一般而言，当土地是相对竞争性供给时，土地价格约占房价的10%～20%。但在土地市场是不完全竞争的条件下，情形就会变化。一是土地的价格会因为供给垄断而抬升；二是房地产市场也会由于土地市场的不完全竞争而变成不完全竞争的市场，因为谁能拿来地、谁拿不来地就成为房地产商生意好坏的重要因素。退一步讲，即使这时候的二级土地市场是竞争的，但由于土地的稀缺、需求的超额，中国人善用关系的贿赂或者幕后交易现象就会出现。于是，土地市场的非竞争性加房地产市场的不完全竞争性，就助长了上海不断攀升的房价。

再次，房价的过高又会产生一个非常重要的次生影响，那就是那些工作和生活在上海的人的生活成本会过高。一般而言，发达国家一套房子的价格，约为职工平均年工资的3～7倍。比如，芝加哥的三居室的房价约为15万～30万美元，而一个大学副教授的工资约为7万美元左右，其2～4年就可以买一套三居室的房子了；中国香港一

套中等档次的三居室房价约为 300 万元港币，一个大学普通副教授的月收入约为 10 万元港币，其两年半至三年就可以购买这样一套房子了；可上海一套中等质量、中等区位的三居室价格在 150 万~200 万元，而上海一个公立大学副教授的年工资只有 6 万~7 万元，其要购买到这套房子的必要时间将为 25~30 年。大部分普通老百姓要是买这样的房子，其必要劳动时间将不会比副教授低，而是高。

最后，生活成本过高，又是一个重大的经济和社会问题，并会带来这样几个方面的次生影响：

第一，那些工作于上海的人的行为会出现短期化和庸俗化。比如，老板让员工做事情，员工虽然嘴里没说什么，但心里一定会想——"你让我干这些事情，能给我多少钱的收入？""按照这个标准，我多少年能买到一套房子？"如果员工感觉这个工资较高，比较符合自己的期望，可能就会继续干下去；反之，如果他感觉收入不高，且增长缓慢，还没有什么好的预期，他就会选择离企业而去。这就带来了这样一个结果，即上海的企业人员不稳定，业务发展模式也就会短期化。

这种不稳定的人事关系、业务发展的短期化，又会带来另外一个严重的后果，那就是很多企业不注重培训，不进行长期规划，而只管员工是不是现在就能有用，于是从其他企业挖人就成为很多企业的理性选择。这样的做法，影响更加恶劣。大家都不愿意培训、培养自己的人才，而宁肯从别人那里挖墙角。于是，人和人之间的诚信、人和人之间的关系、企业和企业之间的关系就变得更加多变、捉摸不定和相互冲突。这样，人们相互之间的猜疑、钩心斗角、明争暗斗，企业同行之间的相互以邻为壑、落井下石、恶性竞争就会多起来。这对于那些在上海经营和从事业务的企业而言就会形成另外一种十分隐性的成本与负担。

第二，既然大家的行为都出现了短期化和庸俗化，那么各个单位的制度和规章也会出现短期化、庸俗化、功利化。比如，单位的员工要出国短期进修，单位就要签订与员工的合同，这个合同就会出现非常短视化的措施，比如交纳多少押金，寻找几位担保，否则就不盖章。还有，那些从事工业生产的企业要选送人员去国外进行技术培训，技术上的要求是 6 个月，现在干脆就弄 3 个月算了；本来需要 1 年的，现在就弄 6 个月算了；更有甚者，很多单位干脆就不选送人去国外进修、培训，直接从其他企业挖人成了自己的理性选择。

第三，虽然这样的短期化行为从短期看也许是合理的，但从企业的长期层面看，就会造成产品质量低级化，技术、质量控制不稳定，研究和开发的投资减少，品牌投资减少，教育和培训机会减少，相互之间挖墙脚等恶劣行径大范围蔓延。

从经济宏观层面看，其结果就是整个地区产品质量低端化，产业结构难以升级，大学教育质量低俗化，企业管理功利化、短期化，研究和开发低端化和短期化。而这些地区产品出口到国外，也会造成整个国家形象的受损。

记得一次开会时，一个国际企业的老板让我介绍上海生源给他，他说他不愿意雇用外地生源，而宁肯选择上海生源，我好奇地问他原因。他说，非上海生源在上海没有房子，所以他们离职率高、短期化行为严重，上海生源这样做的可能性要小一些。从表面上看，这个老总的想法可能有些偏颇，有地域歧视甚至统计歧视的嫌疑，但他背后的意思可能是说，上海过高的地价乃是造成这种现象的罪魁祸首。不知道，本书描述的地价过高的连环影响之经济学分析能否给这位老总的问题以圆满的解答？

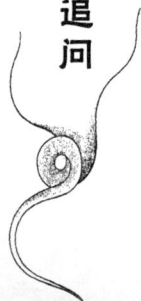

感受六年来的物价变化

六年（2006—2012年）的时间，不短也不长，但对于感受物价的变化而言却已足够。六年前，我带着博士毕业时的热忱、理想，离别了自己所在的985，到了一所非211高校就业。刚来学校时，周边的气氛让人感到特别的冷清。学校周边不通地铁，单程两个至两个半小时的汽车，让很多教师抓狂。听老教师讲，大学城未建立之前，周边的房价只有2 000元/平方米左右，大学城一搬来，旁边的房价就跳到4 000～4 500元。记得当时周边很多房产公司到学校来推销，喊出4 300元的价格，就这，当时很多教师还唏嘘不已。估计大家心里都在想同样的问题——又没地铁又没高铁的，两个半小时的坐车时间，房价却只比市区低2 000～3 000元，这哪里划得来？结果，绝大多数教师都采取了消极等待的决策。

时间一晃，六年过去了。现在回过头来再看看大学城就发现，一切全变了。当时周边冷冷清清，现在只要不是假期，通常都热闹非凡。特别是到了晚上，大学城所在的那条街道，不仅车辆密集，而且人流如织。街道两边的台阶上摆满了摊位，有卖丝巾、连衣裙的，有卖拖鞋、洋娃娃的，有卖书架、手电筒的，还有卖手机贴膜、眼线膏的，理发店、书店、打印店、水果店、服装店、手机店一应俱全，宾馆、歌厅一字儿排开。可以说，只要你想买，什么东西都有的买。

不仅如此，现在大学城周边的公寓价格也一路狂涨到1.5万～1.6万元。原先，学校引进一个人才，只要付出50万～60万元，就能招来211甚至985高校的业务骨干，可现在要想引进一个人才，没有100万元，别人通常免谈。就拿吃一顿中饭来说吧，原先一碗普通的炸酱面就4.5～5元，如果吃不饱，顶多再加一个6毛钱的菜包，基本就能搞定；可现在面条根本就没有4.5～5元这个价，最基本的一碗炸酱面，价格也已经涨到7～8元，而且分量比原先少了很多，根本吃不饱。如果要想跟原先一样吃个饱，那么至少还得再加两个菜包，因为现在的两个菜包加在一起的分量只比原先一个的稍多一点，可是价格却是原先的两倍多（现在每只 1.3 元），这样，吃一顿饭的价格就在 10 ~ 13 元。六年前，女生最爱吃的凉皮价格都在 2 ~ 2.5 元，现在价格则普遍涨到 4 ~ 5 元。北方同学最爱吃的肉夹馍，原先 2.5 元，现在馍缩小了 1/3 多，价格几乎涨了 1 倍。

当时刚去大学城时，很多教师都选择在外面吃饭，原因是外面的市场化程度高、价格低、选择多。可后来，随着大家对外面情况的了解，去的人渐渐少了。因为，在我吃饭的那些年中，我从来没有看到过工商局、质检所、卫生防疫站的人，但六年来苍蝇、蚊子却从没有间断过，紧接着，地沟油、三聚氰胺、氨水豆芽，一个接一个地就暴露出来。曾经有一年，我给市政府相关部门写过一篇严查地沟油、加强大学生食品安全检查的提案，没有得到任何的回复。

再到后来，因为市区房价上涨更快，我被迫来到郊区买房。由此，我还在《茶座》写了一篇《我即将成为房奴》的短文（参见本书第一章第二篇文章），被《读者》转载，结果很多同事们、同学们由此熟悉了学术论文之外的我。现在，我的确已成了名副其实的房奴，一天都不敢停歇地工作着，尽管艰辛，但吃着面条、唱着歌，痛苦并快乐着。我国购房贷款合同还不同于国外，贷款的利率并不是按照当初定下的利率支付的，而是按照市场利率上下浮动的。猛然地心里就想，这样的贷款合同到底还算不算合同？

在这六年间，上海的情形的确发生了很大的变化。比如，原先大学城不通地铁，现在通了，这乃是一种交通上的革命；原先绝大多数老师都住在市区，现在已经有约四分之一的教师搬到了大学城周边居住，这种新的居住格局已经快速成型；原先最坚决不买房的人，现在都成了实实在在的房奴。当然这些本身就是影响房价的最重要因素。

如果我们要进行一个因素分析，要问带动这里物价、房价上涨的最主要因素是什么，毫无疑问，就是交通的革命，地铁的开通不仅大

大缩短了郊区与市区的通勤时间，而且迅速导致了郊区城市化的出现。随着郊区人口的增加，外围房价开始上涨，接着水价、电价、租房价格、面价、米价、菜价也纷纷上升。可以肯定地说，现在郊区的商品价格已普遍高过六年前，并迅速向 CBD 靠拢，甚至很多价格已经超过市区。

其实，除了交通带来的革命以及由此所引发的物价上涨外，还有一个重要因素，那就是垄断与市场的不充分竞争。比如，大学城周边的房子被很多温州人从楼底到楼顶全部买下，然后通过不断转卖获取利润。又如，大学城周边的繁华地段，主要的商场都由乡政府、镇政府、生产队买下，然后再转包给餐饮公司，餐饮公司再装修，另转包给个体户，于是，租金不断上涨，价格便层层加码。比如，大学城就出现这样的怪事情，本来是学校修建的地方，但学校硬是将这个地方承包给外面的商户，然后外面的商户再以租借的方式将这个地方租借给学校使用，结果在这里开出来的学生食堂的饭菜价格就高得离奇。

如果以此来看过去这六年的物价上涨或者说通货膨胀，其实还是感到非常之错综复杂，因为它既有与西方通货膨胀理论相通的地方，如有需求拉动的通货膨胀，也有供给力量推动的通货膨胀，但与此同时，还有与西方非常不一致的地方，那就是行政性、地方性、垄断性的势力联合而成的，通过对特定地理位置的土地供给垄断而带来所谓单边垄断，再加上相关学校的引导，就带来了额外的通货膨胀，这种通货膨胀的源头不在商家的贪婪，而在于政府监管的缺乏。其结果就是，需求、供给、市场、非市场力量相互作用，共同推动物价的螺旋式上涨。

最后，如果要对过去六年的通货膨胀进行一个比较圆满的因素分析，恐怕还得讨论一下过去几年我国货币发行的速度及所扮演的作用。弗里德曼曾经说过："通货膨胀，无论何时何地，恐怕总是一种货币现象。"对于中国而言，这个说法是否仍有相当的解释力？其实，大家只要看看中国人民银行过去这几年的货币发行数据，就会知

道，在这一点上，要让弗里德曼先生闭嘴，恐怕是非常之难的一件事。

高昂的物价（笔者女儿赵沈书蕾画）

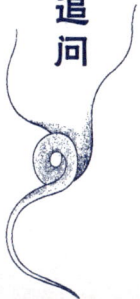

第五章 宏观追问

美国经济还没到最危险的时刻

2008 年，我正在芝加哥大学经济学和社会学系进行访问研究，单位的一位同事发信问我对美国经济的看法，他是经济学专业的教师，也是股市中的好手。我有感于在美国的所见所闻，当时表达了一个相对乐观的观点，即美国经济从微观层面，特别是从企业层面看，从企业所制定的那些十分灵活的经营制度、规章看，从美国企业在全球中的竞争力来看，仍然是相当具有活力的。他 2008 年在国内通过报纸、网络等媒体看到了很多有关美国经济的报道，所以心中产生了一个颇具爱国色彩的问题，"美帝国主义"是否会由此而走向没落？我当时反问他的一个问题是，美国企业层面的表现这么好，微观层面的制度设计如此有力而灵活，它的宏观层面凭什么会表现得那么坏？而我们的经济从微观层面看问题不少，宏观上的表现除了 GDP 增长率、出口之外也不是没有什么问题，你说到底哪个说法会更具有说服力呢？

根据我当时的观察，我认为美国经济仍然十分稳健，大概有这样几个根据：

第一，美国的劳动力市场仍然十分健康和有效。比如，每年有数以万计的外国留学生、研究人员前往美国求学、就业或从事研究，这些人给美国带去了源源不断的新活力、生气和创新的气息，同样，每年有那么多的美国人足迹遍布全世界，学习和了解异国文化，传播和宣传美国文化，指导和布局美国在海外的生产与经营，创造了那么多的奇迹，在这种快速和高效的劳动力市场体系下，美国的经济不会那么容易就滑向深渊。

第二，美国的企业仍然是世界上最具有竞争力也最具活力的企业群体。这个从《财富》杂志的世界 500 强排名就可以看出来。2008年，尽管受各种不利因素的影响，但美国仍然有 153 家企业进入《财

富》世界 500 强企业的名录。2007 年，美国的这一数字为 163 家，2002 年足有 180 家之多。而我国上榜企业的总数虽然在快速上升，2005 年有 18 家，2006 年有 23 家，2007 年有 30 家，2008 年有 35 家之多，但无论是从这些企业的规模、利润率、在世界 500 强中的排名，还是从服务水平、管理水平、美誉度、在世界的竞争力等方面来看，它们相对于美国企业而言都要低好几个量级。

第三，美国的企业、美国的文化、美国人的崇尚创新，对新知识、新观念、新思路、新行为十分渴望和重视。而我国的不少企业领导难言创新、慎言改革，员工崇尚所谓的中庸或厚黑哲学，企业在业务创新方面举步维艰的事实大家更是有目共睹。举个例子，无线上网在美国的高校和企业十分普及，几乎覆盖了整个校园、整个企业，无论是学生还是员工，随时随地上网已俨然成了一种生活习惯。在美国的不少长途汽车上也安装了全程免费的无线上网设备，但 2008 年听说国内无线上网的大多仍然是专业人士，而安装这些装备的企业和学校仍不是很多。再举个例子，在美国，银行业的服务水平十分高效，没有什么企业柜台还是私人柜台，只要有客户，每个柜台对客户都是开放的，而国内却是公司、私人客户相互分割的，机器资源、系统资源、人力资源难以共享，人员也不能根据客户多寡进行灵活调整，这简直是巨大的人力、物力和时间资源的浪费。此外，美国的网上购物十分发达，无论是购票还是购物，无论是转账还是预付货款等，都可以在网上轻松搞定，而国内则需要专门跑银行进行开通，要提交很多手续，填写很多表格，找很多的人、单位才能顺利实现企业或者个人的目的。还有，美国的任何一个收款机同时就是一个提款机，也是一个交税机，顾客在购物的同时可以刷卡，可以提取现金，同时也向所在的州、联邦交税，所以，在美国，银行的人群、商店的人群、营业厅的人群很少，但是其业务却很高效，生意却很红火，国家的税收也有了可靠的保证，纳税人的意识也是在此刻开始觉醒。

2009 年，我访问归来，又见到了这位可爱的同事。他又问，美国经济似乎已到了最为危险的时刻，请问："美国经济到底将走向何方？"

我毫不客气地说，美国经济蕴藏着巨大的活力，美国人脑中有着无限的想象，因此说美国经济到了最危险的时刻似乎仍为时尚早：

第一，美国的经济已不再是工业制造型经济，不再是资源消耗型、处于价值链低端的低附加值经济，相反已变为后工业化阶段的服务型经济，资本、技术、信息、知识密集型经济，处于价值链高端的高附加值经济。而我国则是工业制造型经济，资源、劳动力密集型经济，处于价值链低端的低附加值经济。从表面上看，我们进口和出口了大量的生产资料和商品，但也给自己带来了巨大的负面影响，如资源的耗竭、环境的恶化、人力资本的低端化、贫富的悬殊，以及越来越多的国际贸易争端和利益冲突；相反，美国这种经济的特点是对金融、信息、知识、技术、管理的依赖性强，当这些因素由于某种原因而出现问题时，其面临的"经济危机"就要来临了。但解铃还需系铃人，治理这种危机的办法也很简单，那就是只要有快速的资金保障、制度到位、措施得力，危机也会很快过去。

第二，美国2008—2009年的经济危机发生在一个特殊的关头、特殊的时刻，这时正是两党为了总统选举、重新执政的关键时刻。从这一角度看，那次危机只不过是有美国特色的一次政治和商业周期。在这个周期中，不同的媒体、不同党派的人说不同的话，为不同的利益集团进行大张旗鼓的游说就显得比什么都正常了。看看两党总统候选人说的那些话，我们就明白了。共和党总统候选人麦凯恩说，美国的经济从微观上看仍然相当稳健，因此共和党的执政就应该继续，而民主党总统候选人奥巴马则说，美国经济已危机重重，到了不得不进行变革的时候，因此民主党才是美国民众、美国经济的真正拯救者。如果经济平稳，当然在位者具有先得优势；如果经济表现不好，那么才有进入者的机会。所以美国经济是否到了最为危险的时刻，恐怕光凭这些人的言论，光凭这些媒体的大肆宣传还不足以做出准确判断。

第三，"美国是否出现了经济危机"？如果你问这句话，我会回答说，"好像是的"，但是，分析美国经济的主要部门构成就会发现，它的主要生产原料或者半成品主要依赖进口，主要的劳动力来自世界各地，主要的产品销往世界各地，主要的生产、投资活动遍布全球，因此如果说它发生了经济危机，其对于自身的影响可能并不会比对世界的影响更大；相反，由于它与世界市场的紧密互动和传递，或者通过美国联邦政府的相机抉择行为，它面临的经济危机很可能会被传递给世界上其他更多的国家。因此，关注美国是否发生了危机还不如关注自己怎样能够有效地提防这次危机。

第四，美国经济的泡沫主要集中在金融、投资、房地产市场，在消费品、生产资料、劳动力市场则没有太多的泡沫。当危机来临时，在相应的社会保障、居民基本生活保障等制度下，美国普通民众的生活并没有受到太大的影响；相反，普通民众只要通过一些基本的生活消费替代就能渡过难关，如减少奢侈品的购买、增加必需品的购买、增加公交车的乘用、减少私家车的出行、减少外出进餐等。那些依赖投资、管理、技术生存的企业和人士将会由于经济危机而发生大规模的收入再分配和调整。所以美国金融危机的真相也许就像 2008 年 9 月 25 日很多美国经济学家、部分的抗议民众以及相应的民意测验所表明的那样，其实早在 2005 年就有经济学家警告，由房地产危机引发的金融危机将会蔓延至全世界，但美联储置若罔闻。而 2008 年布什政府要推出的 "7 000 亿美元救市方案" 让那些危机的始作俑者——华尔街的投机者们受益。

第五，美国是以私人经济活动为主导的市场经济，在这种市场经济下，私人投资者利用自己的智商赚取利润，是再正常不过的事情。美国政府虽然很强大，但在法律和制度限制下，它对经济活动进行调控的能力将存在一个时间上的滞后。现在的经济危机就是这个庞大的机器运转过程中的副产品，这就像华盛顿街头的那些无家可归者一样，其并不代表美国式市场经济的破产，而只不过是这个体制运转而

产生的必要成本。谁会听任危机蔓延，美国不会，中国不会，欧洲也不会，这不这场危机像市场经济天边游荡的乌云一样，时间不长就消散了。

金融行业是否天然不稳定？

2009 年夏天，与几年前毕业的师兄一块聊天。他告诉我一个自己的切身体会，那就是金融行业具有天然的不稳定性。我随即问道：何以见得？接着他就举自己 7 年来的保险金融从业经历给我讲述金融不稳定的基本道理。身为业务人员，虽然他难以从机理上讲清金融不稳定的基本原理，但是他所举的一系列活生生的例子，却实实在在地验证了我一直对金融市场不太感冒这个朦胧的想法。

其实早在数年之前，当我第一次学习《宏观经济学》中的货币乘数和投资乘数时，我就对这个机制抱着一丝的怀疑，但当时怀疑的并不是这两个乘数原理是否有效，而是这两个乘数在中央银行政策干预工具或者外部环境变化下的突然放大、突然收缩及其对实体经济的巨大影响。

打个简单的比方，某客户甲将 100 万元存入某个银行，银行在收到 100 万元的存款后，按照中央银行的要求将 10% 的法定准备金存入中央银行，然后会将其余的 90 万元贷给客户乙，假若客户乙用这些钱从客户丙那里购买机器，于是客户丙的账户上就有了 90 万元的银行存款，这样这家银行又会按照 10% 的准备金要求将 9 万元存入中央银行，然后其余的 81 万元再作为贷款的形式贷给客户丁，于是如此循环累计，各个银行的总存款量就成了 $100+90+81+81×0.9+\cdots=1\,000$（万元）。

现在假定中央银行的准备金突然变成 20%，于是现在的银行系统就必须进行信贷收缩才能满足央行的这一准备金要求，于是，在很短的时间内，总的银行存款量就会净收缩 500 万元。相反，我们假定央行采取更加激进的准备金要求，比方说 40%，那么银行存款总量将会净收缩 750 万元。再假定社会上的企业中只有 10% 的企业有自有资金，而其余 90% 的企业都依赖银行信贷解决投资、业务经营

等问题，于是央行的这一短期的政策调整会对经济体中90%的企业产生实际上的业务冲击。更进一步，假定这90%的企业的投资乘数为5（假定这一边际消费倾向为0.2），这样，整个经济体90%的企业将会受到5倍当量的经济收缩，于是，我们就看到了消费者边际消费倾向不变条件下央行的短期政策调整及其对整个经济体的沉重打击。再进一步，如果我们假定消费者的边际消费倾向由于预期、社会福利不稳定等而增大，于是，仅仅预期和中央银行政策的变化就足以引起整个经济体的巨大震荡。

虽然2008—2009年的金融危机与上述的简单原理描述的情形并不完全相同，但它们显示的问题似乎都是共同的，那就是金融系统具有天然的不稳定性。那么，问题就变成了这样，金融体系为什么会具有天然的不稳定性呢？

让我们还是看看经济学家是怎么说的。比如，英国著名的经济学家凯恩斯早在20世纪30年代就认为，在不确定的条件下，人们由于对投资预期的不确定会引起金融泡沫。因为人们对现在的投资就是对未来抱有较高投资收益的一种预期。在不确定性的条件下，人们投资的血性冲动就会导致未来收益预期的落空，结果就出现所谓的金融泡沫等。

后来，后凯恩斯主义者海曼·明斯基也于20世纪80年代提出了所谓的"金融不稳定性假说"。他认为，借贷对投资具有天然的影响，因此只要存在借贷，就会有不稳定性存在。与其他经济学家的看法相反的是，他认为，金融的不稳定或者泡沫并不一定需要外部冲击才能产生，即使缺乏这些外部冲击，资本主义经济体系也存在一种天然的不稳定倾向。其中的关键机制就是债务的累积。因为在经济体情形好时，一个投资者借贷越多，其获得的利润就会越多。这些利润就会吸引其他的投资者进入这个行业，并推动举债水平和借贷水平的提高。随着时间的延续，借贷累积的速度就会超过借贷者的还贷能力。正是在这一阶段，经济体爆发危机的可能就已经潜伏好了。

明斯基将借贷者分为三类：一是海琴借贷者（hedge borrower），这类人可以用自己的现金流来支付贷款；二是投机性借贷者（speculative borrower），这类人可以支付得起利息支出，但是必须周转他们的借贷才能还得起借贷的本金；三是庞氏借贷者（Ponzi borrower），这类人既还不起借贷利息，也还不起本金，他们以其资产的价格上涨来为其借贷进行融资。

如果一个社会的借贷形式是海琴借贷者为主，则经济处于一个稳定均衡的系统当中。相反，投机性借贷者和庞氏借贷者的比重越大，经济体偏离稳定系统的可能性就越大。根据海曼的说法，资本主义经济体在繁荣阶段的脆弱性会不断增加，越来越多的借贷人会从海琴借贷者类型逐步转变为投机性和庞氏借贷者类型。结果，资本主义金融体系的不稳定性就在无形之中埋设好了。

根据明斯基本人的说法，金融体系的不稳定性包含两个引理：第一，拥有金融体制的经济是稳定的，但金融体制本身是不稳定的；第二，随着经济繁荣时间的延长，经济体会从促使经济体稳定的金融关系转变为促使经济不稳定的金融关系当中。

除此之外，明斯基的金融市场不稳定性假说还隐含着另外一个逻辑，即在市场光景较好的情形下，银行和其他金融中介结构就努力进行金融创新，目的是吸引投资者通过各种新的业务形势来购买债务，从而实现自己的利润。结果，金融市场的玩家出于对利润的追求就会将自己的钱投入到各种各样的投资品种当中。比如在2008—2009年的金融危机中，次级抵押贷款就是这样。于是，一旦市场或者经济情形发生变化，很多借贷者的真实情形就会露出水面，于是危机就会接踵而至。类似的是，耶鲁大学的金融学教授席勒在其2004年的《非理性繁荣》一书中也认为，金融市场波动有着深厚的心理学根源。他认为，自由市场经济下的资本市场具有内在的不稳定性。要想最终摆脱这种困境的途径在于社会制度的改进，比如进一步完善社会保障制度，增加保险品种以保障人们的收入和住房，以及更加分散化的投

资选择。

近年来，相当多的经济学家不止一次地发出类似的警告，但这个警告同样在经济繁荣的大潮中被湮没得毫无踪影。比如，L. R. Wray 认为，金融市场存在着固有的不稳定性，包括政策的作用等，都会导致金融危机的发生，人们抱怨泡沫导致金融危机其实就等于抱怨卡车导致交通事故一样，是愚蠢的。与前者相反，Shoastak 却认为，信贷的扩张并不一定引起经济不稳定，而没有真实储蓄支撑的信贷扩张才是经济不稳定的祸根，这个没有真实储蓄支撑的信贷又是谁认可的呢？当然是中央银行，因此中央银行才是经济不稳定的罪魁。

但遗憾的是，在投资乘数和货币乘数、金融创新的繁荣效应下，在美国长达 20 年（1989—2008 年）之久的经济繁荣下，这样的说法被相反的声音压制住了，而作为监管当局的美联储、美国财政部、美国商务部、美国总统经济委员会等，则同样被眼前的繁荣给迷惑住了。结果，这场金融危机的雪崩就这样眼睁睁地发生了。

为何诞生了鲁班的我国家具制造业仍落后于西方？

闲来无事，跟夫人一起去逛红星美凯龙家具设计与销售中心。其实去之前，我们并没有什么特定的购买需求，而是抱着一颗纯粹体育锻炼的心态一路朝东走去。然而在经过约一个半小时的徒步跋涉之后，我们并没有走进红星美凯龙，相反却被一墙之隔的 IKEA 给吸引了过去。原因有二：一是这家 IKEA 是在浦东新开的旗舰店，以前从没有去过，而且在还未到跟前时，大老远地就能看到宜家外墙上的新年促销广告，这让我们对这家店有着特殊的期待。二是宜家过去留给我们的印象是，无论店面的设计、商品的陈列还是商品的人性化设计等都非同一般。就这样，我们先迈进了宜家并打算逛完宜家之后再逛红星美凯龙。谁知出来时，天色已晚，已无暇光顾红星美凯龙了。坐在宜家接送顾客的班车上，看着手中购买的那些其实并不太需要的商品，我不由自主地思考起内资与外资家具公司的经营模式差别乃至"中国制造"的未来了。

生产和制造环节的差别较小

首先从这两个环节来看，内资与外资家具公司之间已没有什么显著的差别而言了。可以这样说，凡是外国人能够制造和生产的家具，内资家具公司已经能够完全模仿和制造了。事实上，随便翻看宜家卖场里任何一件商品的标签，几乎都会发现它们是"Made in China"。其实，无论我们去看德国、英国还是美国的家具品牌，只要翻开标签也都能看到基本类似的情形。开个玩笑，就连不久前出事的世界著名家具企业"达芬奇"的绝大多数产品也都完全由中国制造。这说明，中国企业的家具制造、加工能力肯定没有问题。可是，问题马上就来

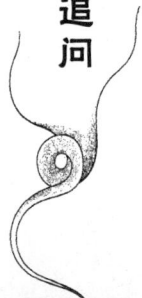

了，为什么硬是诞生了家具制造之父鲁班①的我国，至今仍然难以诞生蜚声海内外的家具设计大师呢？为什么国外的家具业起步较我们晚了几个世纪，但它们能够成为控制整个世界家具业设计、制造、销售和运营模式的行业翘楚？

外资企业在中国的水土不服

接下来，就先从我的从业经验角度来看看中国家具业所面临的困境吧。1997—1999 年，我曾经为一家比利时独资的沙发床配件企业工作，主要从事的是区域销售管理。三年多当中，我认识了世界上最著名、最大还有最差的家具企业，甚至很多国内的家具生产个体户，与他们多次打交道的经验告诉我中国家具企业与世界家具企业之间的差距有多么大。

我所在企业的主要产品是沙发床的内置铰链和机械配件，曾获得过欧盟、美国、加拿大等多国专利，在欧洲、北美拥有很高的市场占有率，可是它来到中国市场后却出现了严重的水土不服，主要表现是：

（1）公司的产品是家具中间产品，所以客户多为家具生产企业，然而我的经验发现，绝大多数客户都是一次性购买者，之后就不再购买。营销学界对此的解释是，这种情形可能意味着，要么是公司产品的价格在市场上并不具有竞争力，要么就是公司的产品质量低劣。然而一番调查发现，这两种可能性都不存在，因为公司的产品无论是质量还是所用的材料都是非常可靠的，而且公司的产品价格虽然比同行稍高一些，但鉴于品质更好，因而价格并未超出合理的范围。（2）公司的客户老是抱怨公司产品价格太高，还屡次要求公司降低售价，可是当公司真正降低价格之后却发现，这些客户并没有增加他们的购

---

① 鲁班是战国早期鲁国人，在公元前 450 年去了楚国。他帮助楚国制造了战争中使用的爪状钩、带有锐利尖角的耐碰撞船、云梯、木制的飞鸟等。汉代以后鲁班被尊称为中国木匠的祖先和中国家具制造业或手工业的保护神。

买数量。这就让我们对国内市场的怪象产生了深深的怀疑。经过一番调查之后发现，原来客户对我们家具配件的购买并不是作为中间产品而生产的，而主要用于模仿和复制。不久后，我们便在国内市场上发现了越来越多我们产品的复制品。很显然，我们的客户盗用了我们产品的设计理念，但却使用了成本更低、质量更差的原材料，结果它们的售价也就更低。此外，这些厂商也没有像我们那样仅仅在市场上销售这一中间产品；相反，其同时还将这些配件作为中间投入品，做成了各种各样样式新颖的沙发床成品在国内市场上销售。这种侵犯别人知识产权、违法复制、不专业化生产、盲目扩张的印象着实让我们的比利时老板非常光火。可是光火总归光火，它们的复制还是不断地进行着，结果我们公司在国内市场上的份额就不断受到蚕食。

不过，我还是从中学到了很多：一是，我们国内家具行业的设计能力很差，尽管生产能力很不错，但仍逃不出模仿、复制的低水平循环；二是，中国国内家具企业、行业的诚信体系建设、法治观念普及任重而道远；三是，外资企业到中国投资、经营，肯定不能照搬国外的那一套管理经验，否则就可能会落入车毁人亡的悲惨境地。

销售和经营模式的差别明显

从这两个环节的差别来看，内资家具企业与外资家具企业的差距尽管相比过去正不断缩小，但仍然比较明显。

内资销售模式面临的困境

举例来说，内资家具企业的销售和经营大多采用厂家直销和企业代销或者经营这两种传统销售模式，可是这两种销售和经营模式的缺陷都很明显。首先，厂家直销的成本非常高，厂家不仅要自建销售网络，而且还要负责广阔地理市场上的维修、送货、安装等售后服务；经销或者代销这种销售模式的问题也很多，比如代销的企业通常会代销多个品牌的产品，因而，哪个产品的销售利润可观，厂家就会极力

促销哪一种产品，这样，经销商是否被激励去销售一个公司的产品便是一个问题。又如，家具产品通常具有一定消费上的耐用性，因此其安装、维修、退货等往往就成为经销商与厂家之间矛盾纠结的焦点，这就使得厂家与经销商之间的详细合约形式成为必要。有时候，尽管双方的合约已非常完备，然而在真正碰到问题时还得有赖于厂家和经销商之间的诚信或人品。在整个社会缺乏诚信，商业经营中相关制度、约束和监管不是很到位的情况下，这种所谓的诚信或人品就因人而异。于是，在长期的经营中，中国的家具企业便摸索出另一种较新的家具销售模式——家具商场。但这个新的销售模式同样也没有解决中国家具业面临的根本问题——市场诚信和市场秩序。

一是，所谓的家具商场只是众多商家的表面聚集，其中的各个商家仍然分别和客户做生意，各自独立核算，这样消费者进行家具交易的时间成本就显得非常之高，因为他们要想买到一件称心如意的家具，就必须先一家一家地看、挑选与讨价还价，之后再与其进行安装、维修等后续交易。二是，消费者与商家在出现买卖纠纷之后，单个消费者的维权成本非常高。在这当中，家具商场由于没有一个很好的销售模式，特别是没有经济约束或者付款约束作为保证，所以商场就很难扮演一个建设性的贸易中介角色。三是，由于家具商场只是众多商家之间在地理位置上的一个松散组合，结果众多商家集中在一块，反而容易出现相互压价销售的所谓"恶性竞争"局面，结果旧车市场的逆淘汰就出现，久而久之，家具商场反而成了劣质商品集散地的代名词。

外资的销售和经营模式技高一筹

反观外资家具企业，它们越来越多地采用家具专卖和专业卖场两种经营模式经营。家具专卖这种销售模式适用于较大城市或者销售份额较大的市场，并且由于这种销售模式所产生的巨大成本支出，所以它日益成为诸多顶级品牌家具企业或者大公司采用的销售模式。对广大的中小商家而言，另外一种形式的经营模式——专业卖场便兴起了。它主要是采购众多中小企业的产品，然后结合装修、设计、安装、送货、维修、退换货等各项服务项目，组成一个大的专业销售和管理网络。比如，在家居行业，就出现了宜家，在建材行业出现了百安居、好美家，在百货行业出现了卜蜂莲花、家乐福、沃尔玛、乐购、麦德龙，在家电行业出现了百思买、国美、永乐、苏宁。

在如上的第二种经营模式下，我们发现，行业的最初引领者通常都是外资企业，接着大批的内资企业就会纷纷涌现并迅速抢占国内市场，如好美家、家得利、联华、华联。如今已经形成了外资、内资企业在行业内平分秋色、激烈竞争的局面，这无论对中国市场经济的发展还是对普通消费者而言都是一件好事。如果仔细一点，我们还会发现，这种销售模式在行业之间还存在一些细微差别，具体体现在：(1) 在百货和家电行业，这种销售模式提供的主要服务是质量保证、退换货服务；（2）在家居建材业，这种销售模式则不仅提供产品的质量保证、退换货服务，而且还提供设计、装修、安装、售后等服务。前后两者相比便发现，由于前者所涉及的技术和服务相对简单，因而内资企业跟进得非常快，甚至已经有超过外资企业的势头；相反，对于后者，外资家居或者建材巨头仍然占据较大的市场份额和市场优势。

如果我们用这种眼光来看红星美凯龙和宜家就会发现，红星美凯龙全球销售中心的这种销售模式仍然是传统的，也就是消费者需要和其中的每个商家分别打交道，因而消费者采取购买行为所涉及的交易成本就很高，消费者维权、维修、退换货的方便程度就很低；相反，宜家由于采用了现代比较先进的经营模式，所以一方面较好地解决了消费者的后顾之忧，另一方面由于众多服务项目的提供，为消费者带来了相当的服务附加值。如果从客户群的角度来看，市场现在基本上已经出现了分流现象，一般而言，年轻的消费者已经越来越多地选择了宜家，而年纪较大的消费者由于多年的消费习惯仍然选择红星美凯

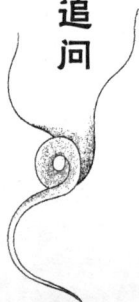

龙，但这部分消费者正面临流失的风险。我们再从两者售卖的产品角度看，宜家售卖的产品大多是以设计见长，形式新颖、相对西式的一些产品，而红星麦凯龙售卖的则是相对传统的中式家具产品。

在清楚了内资与外资家具公司的这些差别之后，就让我们来试着回答文章开始提出的那个严肃问题吧。

为何曾孕育了鲁班的我国家具业今天却落后于西方？

要清楚地回答这个问题，就不得不从中国木匠的身份特征乃至中国教育制度的历史来寻找根源了。

首先，从古到今，在中国人的眼中，木匠、泥水匠、铁匠、商人等都是比读书、做官更低层次的职业选择。文化、政治层面的所谓"士农工商"就清楚地显示了这一点。因此，中国木匠历来就是由那些不喜欢读书的人，或者在读书、做官这条道路上并不具有比较优势的人员组成的。这样，中国的木匠对世界的了解，对物理、化学、力学、数学、天文、地理等科学知识的把握就比西方木匠差了很多。因而，客观地讲，尽管我们能够诞生一个鲁班这样的家具制造和设计大师，但我们难以诞生大量的鲁班那样的现代家具制造和设计大师。

其次，从产品概念形成、产品设计、大规模制造、销售和售后服务的整条价值链环节来看，中国人的参与更多地出现在大规模制造或者销售两个环节；相反，在产品的概念形成、产品设计以及售后服务方面，中国人并不具有比较优势，其中的原因恐怕可以归纳为两条：

第一，几千年来，中国的教育体系的教学重点集中在人与人打交道的社会关系层面，而较少涉及人与自然关系的所谓天文、地理、数学、化学等科学知识方面，于是久而久之，中国社会就形成了尊老扶幼、重视关系经营、重视历史传承、轻视制度建构、不崇尚创新的惯性思维方式，这恐怕是导致国人在产品概念形成、设计和销售领域不具有比较优势的重要原因。

第二，仅就人与人之间关系这个层面看，国人所受的文化熏陶大

多是服从、接受和关系和谐，而不是挑战、拒绝与冲突。事实上，随着人群数量的增加、收入的增加，个人理性必然会崛起，人与人之间的关系更大程度上将表现为冲突与不和谐。因此，在这种情形下，我们更应该承认这种现实，并借助制度建构，特别是合约、诚信、法律等来规范人与人之间的关系，从而不断增加人们对信息不确定条件的预期稳定性，有效地降低社会交易成本。然而，中国几千年来所形成的强大的文化、思维和制度惯性却一直在延续，人们的诚信、合约、法律观念淡漠，无视和不尊重各种各样的制度约束，对新思维、新规范、新知识采取保守的态度等比比皆是，这恐怕正是导致我国目前家具行业、家电行业、百货行业受制于人、落后于人的深层次原因。

"中国制造"的未来

如果说笔者有什么解决之道，那就是，如何在全社会形成一种创新、进取、思辨、求真的思维和论证方式，如何较快地建构我国的诚信体系或全民性的诚信档案，如何在全社会形成一种基于合约化、制度化的生活风尚，如何积极地参与到法律的讨论、制定、执行和监督过程当中，如何身体力行地宣传法律、遵守法律、依法办事，如何能够运用这些制度和约束不断降低整个社会上人与人、人与组织之间打交道的成本。只有如上的种种措施能够落实，中国法治的、高效的、良性的市场经济才能真正确立，这将不仅是中国家具、家电、百货等行业的福分，而且更是中国企业、中国公民和整个国家的福分。

改革开放以来三个乡的兴衰变迁

我要说的历史上的三个乡——史官、纵目和北塬，相互比邻，地处洛河以北，远离县城，交通不便，人称"河北三乡"。改革开放以来，这三个乡镇的命运也随之发生了翻天覆地的变化。从地理位置上说，史官乡较好，最靠近南边，距离县城相对最近，又与邻县澄城相邻；纵目乡地处中间，但却是南北交通的要道；北塬乡虽地处最北，距离县城最远，但它却是距离邻县洛川最近的一个关中乡镇。

改革开放以前，这三个乡都是计划体制的基层堡垒，因而各自发挥着乡的中心作用，无论是从医院、学校设置还是乡镇管理来看都是如此。比如从医院的设置来看，由于纵目乡地处三乡的中间，所以从最短距离的资源配置原则出发，纵目地段医院就坐落在纵目乡所在地，而其他两个乡都没有配置相应的医院，所设置的只是更低层次的卫生所。至今我仍然清楚地记着医院门口的几个红色大字——"白水县纵目乡地段医院"，旁边就是毛体题写的"治病救人，救死扶伤"八个大字。

改革开放以来，随着经济的发展，国内贸易、物资流通的逐步放开，这三个乡都纷纷变成了物资交流、商品买卖、集市交易的中心。于是，纵目乡派出所也相应地设立了起来，它不仅管辖着纵目乡的公共安全，而且还监管着左邻——北塬乡、右舍——史官乡的公共治安。我家距离派出所不远，经常看着警察带着小偷进出。此外，工商管理局也设立了起来，同样的是，它也负责左右两个乡的工商和市场管理任务。这样，纵目乡就成了"河北三乡"的中心。

我曾清楚地记得我们兄弟两人在街道上摆摊售卖的场景。街道上人来人往，熙熙攘攘。自行车、摩托车、拖拉机、汽车的鸣声，夹杂着牲畜、买东西的老百姓、小贩等各种声音。每逢赶集，我就准备好一桶妈妈早就熬好的和着糖精的绿豆汤，在街边不停地叫卖，弟弟就在我旁边，摆出自己几年收集的各色小人书，供小朋友阅读。当时的价格是，一杯绿豆汤2分钱，看一本小人书的价格也是2分钱。我还清楚地记着弟弟因为贪钱悄悄拿走妈妈口袋中的两元钱而被妈妈痛打的场景。那时候市场里非常热闹。每逢赶集来临的大清早，街道上就有人忙碌起来，有扫地的，有摆货架的，还有一些专替别人占摊位的，他们纷纷拿出竹竿、木板等以宣示自己的地盘，另一些伙计则往门前撒着冷水，以防灰尘扬起，好保后半天的生意。

那时三个乡的情形是，纵目乡占尽地利、管理优势，因而人流、客流和发展的气象似乎更胜一筹；其次是依赖自己地缘优势，贯穿关中和洛川的北塬乡；相对较差的是既不通大道，又不占管理优势的史官乡。

有一年，可能是我还很小的时候，就听说舅舅家所在的史官乡来了一位姓白的好乡长，于是，修路架桥成了那个乡长的首要任务。听外公讲，那时全乡老小一齐上阵，日夜奋战，结果一年不到一座大坝就贯通东西。自那以后，史官乡对周围人流的吸引力就开始加强。从集市的规模来看，史官乡的规模开始不断扩张，每逢赶集时，街道上人流、车流就不断增加。对周围老百姓而言，原先无论去史官乡还是纵目乡赶集，都要翻沟过河，但自从史官乡打坝以后，去史官乡赶集的时间和难度都大大缩小，于是人流向史官乡集聚的趋势就在所难免。北塬乡由于距离这两个乡相对较远，因而不受影响。在这种形势下，纵目乡落后、冷清的局面开始显现。

过了三五年之后，纵目乡也来了一个所谓的"好乡长"。他的任务也是先修路，但他并没有在两个土塬之间打坝，而是将原先贯穿两个土塬之间的弯曲沟路加宽、延长，这样坡度虽然小了，但是路途却被大大延长了。于是，每逢夏天都是沟路被大水冲断的密集期，此后，我们就是在这种下雨路不通、路难行的情况下长大的。从现在的眼光看，那个乡长并不是所谓的好乡长，而是一个利欲熏心或者没有任何远见的乡长，将原先的道路加宽、延长可以增加工程预算，当然

第五章　宏观追问

可以更方便地浑水摸鱼。假定他是一个真的好乡长，那他就真是好心办了坏事。很显然打坝相对于加宽道路会更加便利于经济发展，但也许他根本没有这种远见之明。

在此后的三五年间，纵目乡的老百姓就这样眼睁睁地看着史官乡的崛起、纵目乡的衰落。记得有一年暑假时，我在家复习功课。当时就听说，乡政府的干部准备修路，于是准备从沿街的老百姓家搜刮一批钱财，美其名曰"修路赞助费"。记得因为父亲晚交，所以乡政府硬是派三五十人的流氓，从家里搬走了电视机、摩托车。另外一年，我虽然不在家，又听说乡政府的人再次向沿街道的人收赞助费，由于我家晚交，再次被三五十人的派出所、乡政府和流氓抢走了摩托车，结果弄得当时当兵在家的弟弟，差点与乡政府的干部发生了武力冲突。后来，我又知道，发生这种事情，并非只有我一家，而是沿街的每一家、每一户。过后人们就说，这样的乡政府与其有还不如无，也有老百姓说，派出所除了抓小偷，有时候还成为强盗的帮凶。

记得我上大学时，纵目乡来了另外一个"有魄力"的乡长。他上台伊始，就准备彰显政绩。准备在纵目乡与北塬乡、洛川县交界的地方开办所谓的史家坪开发区，这个开发区地处两县交界处，且也贯通白水—洛川的公路。结果，这个开发区再次成了纵目乡衰落的罪魁祸首。如果说，史官乡的便利交通成了纵目乡经济发展被影响的一个拉力因素，那么，这次纵目乡新官上任三把火之一的史家坪开发区就成了纵目乡断送自己乡镇中心和人流、客流中心的又一个巨大推力。这次不是别人抢走了纵目乡的风头，而是纵目乡乡长以开发区为名，在实质上断送了这个乡的前途。

再后来，我开始读硕士、博士，每年回家时，心中都隐隐作痛。因为纵目乡的风光不再，而临近的史官乡人气却不断上升。从集市的规模上来看，北塬乡的集市规模仍然很大，因为它贯通南北，连接两县；史官乡由于人口相对集中且交通便利，所以开始聚集了越来越多的人气；纵目乡开始衰落，道路常常年久失修，沟路常常被大水冲断，赶集的人越来越少……

那时候每逢回家，纵目乡的人都在说一句话，如果咱们这里出一个人才，情况就会全部改变。我很清楚，群众说的这句话意思是，如果纵目乡能出一个县长、市长或者省长，纵目乡的落后局面就会立即改观，但可惜的是，纵目乡虽然人才不少，但硬是没有一个县长、市长或者省长。

再后来，我听说纵目地段医院撤院，结果村里的人和乡政府闹得不可开交。再后来，派出所搬到了隔壁的史官乡，工商所似乎也搬走了。2011 年夏天打电话听弟弟说，纵目乡已经撤乡，整体并入史官乡，而史官乡已升格为镇了，弟弟虽然是纵目人，但工作在史官镇，电话那头的沮丧仍然清晰可辨。

回过头来看，史官乡的崛起、纵目乡的衰败可能源于以下几个原因：

第一，史官乡土坝的修筑提供了其经济发展的初始条件，这种交通便利弱化了纵目乡作为交通便利、行政管理中心的最初优势，这证明了坊间常说的一句话"要想富，先修路"背后所隐含的朴实道理。从经济学的角度讲，交通道路是经济发展的必要条件，交通基础设施能够降低经济体决策交易的成本，提高经济体的产出效率，因而是推动史官乡崛起、纵目乡相对落伍的最初动力。

第二，史官乡领导的睿智、纵目乡领导的自私、盲目和缺乏远见，在这两个乡的发展过程中表现得非常明显。前者的睿智始于当初乡长的眼光，而后者乡长的自私、盲目和缺乏远见，源于其愚昧、无知和浅陋。在这两个乡的兴衰变迁过程中，政府推动的经济发展模式的优势得以凸显，但其劣势也非常明显地暴露出来。

第三，这些乡的领导素质参差不齐、对经济学知识的无知和缺乏训练得到了清楚的显现。按照经济学理论，在交通演进的情形下，通常会有利于人口、生产活动在空间上的集聚，这是第一阶段。史官乡、纵目乡的发展变迁就证明了这一经济学理论的正确性。但正如经

济学理论所清楚表明的那样，在交通效率进一步改善的情况下，人口、生产活动在空间上的集聚将变得不可持续；相反，会走向逐步分散，也许高速发展的电子商务时代将掀起这第二波浪潮。

第四，在这个故事中，纵目乡领导及其下属的蛮横、无理和流氓作风得到了充分显示。在经济发展过程中，乡政府胁迫甚至威逼利诱群众出赞助费的作风凸显了一些基层领导干部对国家政策的漠视，对群众利益、生命财产权的漠视，而相邻的史官乡和北塬乡却似乎并没有发生类似的事件。其实事后看来，纵目乡领导的无能、干部的素质低劣可能正是断送纵目乡美好未来的真正罪魁祸首。

第五，如果我们斗胆进行一个经济推断，那就是，改革开放 30 多年来，全国各地的交通道路普遍改善，政府主导的发展模式在全国各地也得到充分彰显。按照经济学理论，在这种情况下，人口、生产活动的空间集聚和布局必然发生翻天覆地的变化，而各地政府主导的经济发展模式肯定也彰显了领导行政周期以及这种发展模式的利弊兴衰，因此，未来的十年必将是中国行政区划、人口布局、管理格局，甚至教育管理体制、行政管理体制发生巨大变化的集中期，因为如若不然，就完全不符合马克思主义经济学中经济基础决定上层建筑的基本原理，也完全不符合与时俱进的时代要求。

第六章

三思而行

大学城地铁站规划以什么为本？

地铁站规划以什么为本？这是个极其重要而且需要认真回答的问题。从经济规划学的角度看，地铁站的规划与建造当然要遵循"以人为本"的原则，换句话说，就是哪里人多，地铁站就应该规划在哪里，因为这样能更加经济地发挥地铁站点的效用。不仅如此，经济规划时还必须考虑的另外一个重要的原则是所谓的"最小经济成本"原则。很显然，这二者乃是一对矛盾。譬如，若规划时真的"以人为本"，可能就必须牺牲"最小的经济成本"；反之，若要很好地考虑"最小的经济成本"，就必然意味着牺牲一定程度上的"以人为本"。

如果我们将这两个原则当做一对矛盾，那么，在我们的现实生活中，地铁站的规划到底会倾向于哪一边呢？

让我们不妨拿上海松江大学城地铁站的布局做个例子吧。在规划大学城地铁站前，规划者大概心里清楚哪里的人将来会最多，当然是大学城里七所大学的人最多，不然为什么起一个"松江大学城地铁站"的名称呢？保守的估计是，仅仅大学城的教职工、学生以及周边从事商业人员加在一块就差不多 10 万人，所以若按照"以人为本"的原则来规划大学城地铁站，就应该规划在七所大学都相对方便的地方，这样就能最大限度地方便大学城这 10 万名人员的生活、学习、工作和出行。

让我们还是从松江大学城地图中看看究竟吧。七所大学在地图中就是那块看上去像车厢的块状地带（见图1）。如果我们以这七所大学的中心也就是图1中所谓的公共教育资源区作为一个中心来画一个大的圆扇形，那么，按照经济规划学的原理，所谓的大学城地铁站就至少应该在这一圆形的范围之内，这样就可以更好地服务大学城的师生。从理想的情形看，有两个规划可以既实现大学城师生的最小出行时间和成本，又能更大地扩充地铁的顾客源。一是将大学城地铁站规划在大学城的中心地带，也就是现在的公共教育资源区，最好是和现有的大学城公共汽车站放在一起。这是一条最为经济的线路，大学城七所大学可以共用这一个地铁站，并且地铁线路可以采用直线横穿大学城的形式通过这一站，这样不仅可以大大节约地铁建造的成本，而且还可以最大限度地囊括更多的顾客群，符合既"以人为本"又"以经济效益为准绳"的原则。

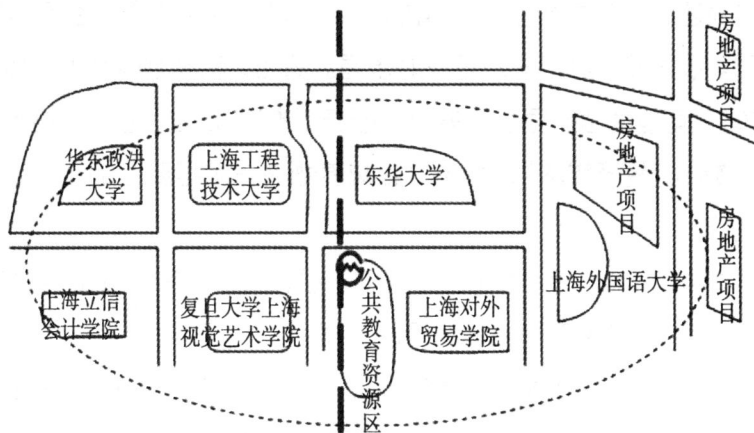

图1　地铁横穿大学城中心地带示意图

二是模仿国外大学城地铁站的方法，不规划一个大学城站，而是让地铁线路以环形的区域绕过七所大学一周，如有东华大学站、工程技术大学站等，这样不仅能最大限度地扩充地铁的顾客群，而且还能方便整个大学城师生的出行、交通（见图2）。但这一方案的缺点是，地铁若以环形通过大学城，虽然周边更多的顾客群都辐射到了，但由此带来的建造成本也会大大增加。

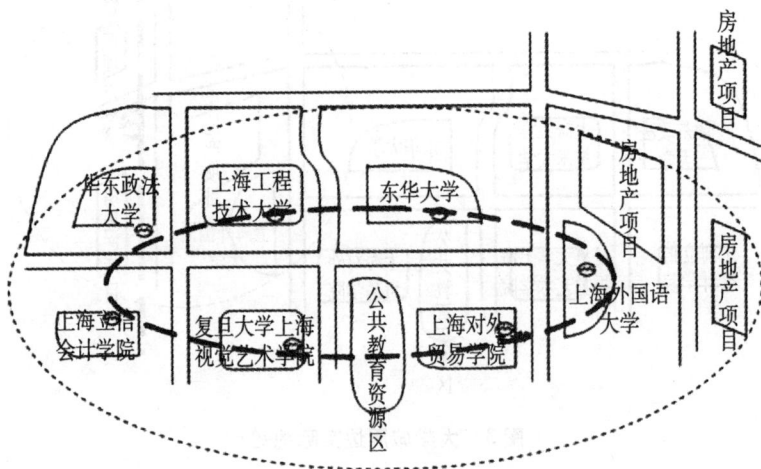

图2　模仿国外的大学城地铁站规划图

那么，最终松江大学城地铁站规划与修建遵循了什么原则？

有人听了我以上的两个说法后也许马上猜测说，你刚才不是说，地铁的规划通常有两个原则吗？既然没有遵循"以人为本"的原则，那么肯定就遵循了"最小经济成本"的原则。让我们看看图3，现有的松江大学城地铁站位于七所大学的最边缘，是图3中带有停车标志P的地方，并且地铁是直线通过大学城边缘的。很显然，所谓的松江大学城地铁站的规划只遵循了"最小经济成本"的原则，而没有遵循"以人为本"的原则。如果说，现有的松江大学城地铁站的规划有什么过错，恐怕这个就是地铁站规划时的最大失误之处。

但是，熟悉经济学和经济规划的人如果再仔细一点，还会发现另外一个问题，那就是这个地铁站的规划和建设，并不是只考虑"最小经济成本"而没有考虑"以人为本"这么简单。以现有的大学城地铁站为圆心画一个同心圆就会发现，这一地铁站的辐射覆盖范围至少有55%都是在大学城之外。它的北面有众多的房地产项目，东边是大片未开发的土地，其也将成为未来的房地产开发区域，南面已经有很多成熟的房地产小区。很显然，如果不是北面、南面那些成熟的

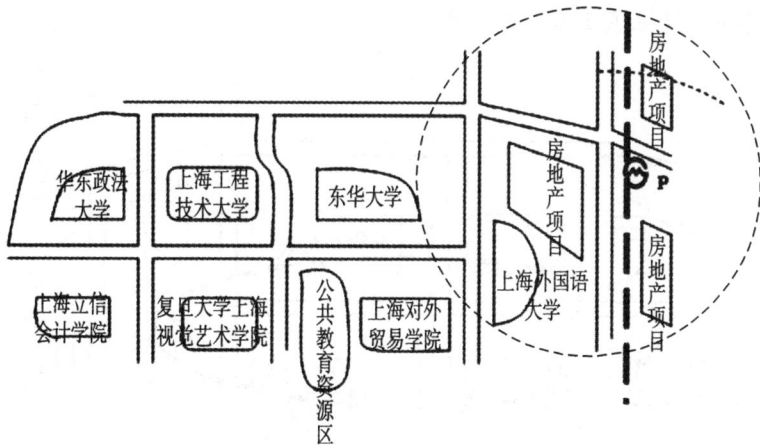

图3　大学城周边实际地图

房地产商影响了松江大学城的地铁站规划，那就是东面那些未开发土地的主人影响了松江大学城地铁站的规划。

从我国的现实情况来看，房地产商影响经济规划的情形并不是特别多见。为什么？因为我国政府并不是西方式的民选政府，上台的领导并不从这些房地产商那里领取选举资助，因此，房地产商在事前影响地铁站规划的可能性并不是很大。另一种情形则非常有可能，那就是进行地铁规划的机构本身即城市规划局，这个政府机构更多地受到了当时当政的领导的影响。为什么会这样呢？因为在我国现有的体制下，各级领导都要把地方经济发展绩效作为自己的政绩工程，而规划正是引领甚至左右地方经济发展的一个重要途径和渠道，因而也就最有可能受到了影响。

回过头来结束笔者的这一讨论，地铁站的规划到底该以什么为本？我的回答是，"以人为本"很难，市场经济时代"以经济发展和企业效益为本"似乎理所当然，但是别忘了地铁的公共产品性质，更别忘了政府的公共服务功能，在具体的管理活动中，何者为本，何者为末，理应清楚，切忌不要抓了芝麻，丢了西瓜。

法院安检能否三思而后行？

不知从什么时候起，上海市民进入法院也开始搞起了安检。浦东新区人民法院的大门坐北面南，左面的大门是所谓的"免检通道"，通行的主要对象是律师和法院里的工作人员，而右边的通道则是必检通道，针对的是所有前来办事的民众。不管前来的民众是进行法律咨询的，还是办理相关业务的，抑或是前来法院旁听审判的，只要你想进入法院的大楼，都必须先在右门前面的柜台上履行安检手续。先扫描身份证、驾驶证或者护照等，在得到一张打印单据后，才能进入安检通道。安检通道的旁边竖着一张告示，上面的内容与机场安检柜台前面的告示如出一辙，什么样的物品可以携带，什么样的物品不能携带，要求民众听从指示，拒不听从的可以直接实施强制措施云云。

机场为什么安检？乃是由于飞机是在高空飞行的，乘客所带的物品在高空情况下的反应可能影响飞行安全，因为即使是 1% 乘客的危险举动也很可能断送整个机组和其他乘客的生命，所以安检乃是保障飞行和乘客生命安全的必要手段，这也是世界各国通行的飞行安全保障措施，公民们当然不会对这样的行为有什么微词。但改革开放 30 多年来，作为共和国权力机关之一的人民法院却头一次搞起了安全检查，这能不引起公民们和学者们的诧异和彷徨吗？

在我的眼前，就出现了这样让公民不解、诧异的一幕。一位女同志前来法院咨询相关的业务，但根本不知道到法院还要进行安全检查，所以硬是被挡在法院的门外面，满脸诧异和惊奇的神情。而另一位四十多岁的男同志虽然顺利通过了安检，但在整个安检的过程中还是让人感觉到十分不舒服。他先是被要求掏出随身携带的物品，包括手机、香烟、钥匙、手套、帽子，往复进入、退出安全门两三个回合，直至自己所带的几个硬币也被拿出来为止，接着又被要求将自己所带的矿泉水当面打开并喝上两口，他显然是怒发冲冠似地嚷嚷……

还有，一个人陪着老婆去法院里面退钱，他顺利地通过安检了，但他老婆却因为没有携带身份证，而只好望着巍峨挺拔的法院大楼不断叹息。旁边的椅子上坐满了办事的人，显然是那些始料未及、感觉诧异而又没有带证件的人们……

法院为什么要安检？也许你可以说，少数不法之徒可能会危害法官的人身安全，阻碍正常司法活动的开展。但如果是这样的理由就让所有的人都接受安检，这就等于认可了法官或法院的工作是类似于高空飞行的高风险职业这一事实。那么，问题就变成了，是什么导致法官或者法院的工作过去不是这么危险，但今天却变得这么危险？为什么世界其他国家的法院并没有做得这么露骨，而恰恰是实行人民民主专政、在向服务型政府转变过程中的我们却做得这样没有遮拦？这是法院对所有前来办事的公民进行安全检查前必须想清楚的第一个重要问题，因为如果这个问题不想清楚，那么即使法院装备了这些先进的安检设备，也不可能从根本上解决法院和法官的人身安全问题，也不能很好地解决如何服务人民大众和如何保护自己的根本问题。

更进一步，如果这个问题没有想清楚，那就会出现第二个重要问题，即其他很多的政府机关也都有安装类似安检设备的充分理由，因为法院是我们这个社会权力最为殷实也最具权威的公共权力机关之一，可现在连法院都安装了安检设备，那么，公安局因为和犯罪分子直接接触，所以就更应该安装安检设备了；司法局、财政局、税务局、城建局、工商局等也都有安装安检设备的充分理由；所有的学校也应该安装安检设备，毕竟现在学校也不是一个非常安全的地方，也许学生会拿着菜刀问老师讨公道，老师也许会拿着棍子找校长论公平，打扫卫生的、做饭的也可以拿着铲子找后勤处长论理等，并且这样的事情在学校也的的确确发生了。

再进一步，如果连这些政府机构都安装了安检设备，那么，普通的老百姓到底该怎么办？他们的心里会怎样想？在危险时刻，他们到底该求助于连自己都感到如此不安全的公安局、法院，还是自己也安装同样的安检或者安全设备来防范不法之徒或者亡命之徒？恐怕，法院这样的举动带给百姓的心理恐惧要远远大于它安装防盗门或者安检设备本身。这恐怕是法院安装安检设备之前，要想清楚的第三个重要问题。

法院必须想清楚的第四个方面的问题是，如果连法院或公安局等公共机构都安装了安检设备，那我们这个社会办理各种公共服务的交易成本就会大大提高，公民去公共机关办事的效率就会大幅度下降。结果，由此引起的全社会企业、民众在生产、生活、消费、交易过程中的无谓时间浪费和福利损失就会大大增加，而企业和老百姓对政府的不满情绪很可能就会更加快速地累积。这当然是我国政府、老百姓、企业甚至法院所不愿意看到的。

在美国，几乎每隔几年都会发生一次校园枪击案，但美国的校园并没有因此而安装一道道进入校园的安检门，而一些人试图让持枪非法的提议却一而再再而三地遭到强烈反对。为什么？因为校园枪击案透露出来的问题，或者是青少年、年轻人可能并不具备控制自己的完全行为能力，或者是美国式的对青少年的管理被放纵了，对年轻人的心理教育被疏忽了。但无论是前者还是后者，惹祸的都不是枪支的合法持有这一制度，而是青少年、年轻人及其相关的教育制度出了问题。

2003 年时，美国纽约商业银行的各分支机构先后遭到 14 次抢劫，纽约的联邦调查局曾建议这家银行安装一种"劫匪克星"的防弹塑料板并安排穿制服的武装保安来保护这家银行。但这家银行并没有听取联邦调查局的建议，相反，他们在分析和权衡了安装这些设备的成本与遭受抢劫的概率、损失之后，却选择了暗中提高警惕的级别和加强防范措施，而并没有安装这样赤裸裸的安检设备，不聘请全副武装的保安。为什么？安装了这样的设备，配备相应的保安事小，但带给客户的感觉恐怕却是更加不安全。试想，天下的顾客有谁愿意将钱存在这家连自己也感到不安全的银行？还有谁敢向这样的银行

借款?

东京迪斯尼开业近 30 年,几乎让 3 亿人进园游玩;美国加州迪斯尼开业 50 多年,让 6 亿多人进园娱乐,而奥兰多迪斯尼 1971 年开放至今也让几亿人次进园。去迪斯尼游玩的几亿儿童,为什么从来没有丢失过?原因就在于乐园能够在管理上做到"随风潜入夜,润物细无声",通过人本、细致、微妙的一系列做法,而没有借助于外在的监视设备、大声的寻人广播等来防止儿童的丢失。比如,乐园的每个扫地人就身兼数职。有人迷失方向时,他是指路人;有小孩跑丢时,他是看管人员,带丢失的小孩到最近的儿童看管中心,迅速告知园方的警察;在没有这些活干时,他又是本本分分的扫地人。

不知我们的法院在决定安装安检设备时,是否回顾过多年来法院所发生的类似安全事件?是否算计过这样做带给社会、公民的成本以及自己部门的收益?是否对两者进行比较和分析?是否征求或听取过公民们的意见或者建议?是否在网络上向民众们告知?是否考虑过就这样不经调查和研究就进行明晃晃的安检对人民政府所带来的负面影响?这些问题,作为局外人的普通民众,我们无法得知,但作为向服务型政府转变过程中的法院、公安局、检察院等却不能不慎重考虑。

为此,笔者建议:第一,法院等政府机关应委托相关高校经济或者法律专业的研究人员,对我国改革开放以来法院、检察院以及公安局等所面临的安全威胁以及相关安全事件等进行全面的调查和研究,分析安装安检设备的长期与短期影响、正面收益与负面损失,之后再寻求最优的应对之策。

第二,上海作为国际大都会,其公共服务型政府的印象也会让更多、更广的人所知晓,因此,在保证安全的前提下,维护好、展示好上海政府机关廉洁、高效、公正、为民的公共服务型政府的形象也显得非常重要,故建议:(1)在安装安检设备之前进行听证会或者专家论证会,听取专家或者群众的意见;(2)尽量对安检设备进行隐形化的安装与处理,使公民在进入法院、公安局、检察院等政府机关

办事的过程中，既能经过安全检查，又不会被无谓地耽误时间和精力。（3）在安装安检设备后，能比较礼貌而委婉地对待前来办事的人，争取他人的配合和理解。也许只有这样，才能既不给上海这个国际大都会的人民政府的光辉形象抹黑，也能更好地为人民服务。

第六章　三思而行

农民有什么可怕之处？

在中国历史上，农民一直是一个庞大的、没有受过太多教育的群体。从表面上看，他们是一个逆来顺受的群体，一个可以让历代统治者欺压、榨取税收、提供兵源的群体，但同时他们也是一个让历代统治者感到可怕的群体。因为在中国历史演进的长河中，农民可怕这个神话总是一而再再而三地不断重复着、延续着……

农民有什么可怕之处？让我们先列举以下几个他们所具有的可怕特征：

第一，中国农民的人数众多。在中国历史上，农民始终占据着人口的多数。在中国传统社会中，农民就是农业生产的主要劳动力，而中国历史上历来不重视劳动力节约型的技术进步，相反，劳动密集型的农业生产方式却始终是中国历史上主要的生产方式，所以中国的家庭、中国的社会就更加人满为患。在农民的眼里，什么是生产力？肯定不是技术进步，也不完全是土地，因为这些东西在很大程度上并不能由他们控制，而实实在在地能由他们控制的就是自己家里的人口。所以中国农民历来就重视"人多力量大"的普遍哲理。其结果是，中国农民的人数永远占据着相对于其他群体的绝对优势。数量是一种可怕的力量，隐含着巨大的潜力，这不能不让历代的统治者认真对待。

第二，中国的农民是统治者赖以统治的基础。自秦以来，中国就完全成了土地私有的社会，而每个农民都能占有或多或少的土地，以之为生，以之为死。而每个家庭就成了这样一个以土地为生的、实实在在的经济实体，因此历代的统治者都非常重视农民。为什么？一是农民是农业生产的主要劳动力。配第说："土地是财富之父，劳动是财富之母。"没有了劳动力，统治者吃什么？喝什么？二是农民又是统治者维护统治的军队和士兵的来源。没有农民，谁来保卫国家？皇帝如何抵挡强盗的捣乱、敌国的进攻？如何能保证皇宫的安宁以及皇帝的宝座？三是农民家庭是国家税收的基础。没有了农民缴粮、缴税，统治者吃什么？花什么？拿什么给官僚发饷？向士兵支付工资？拿什么建立国际关系，向对方的使节、王侯赠送礼物？四是中国农民是中国官僚的重要来源。没有这些无知、愚昧的农民，哪有儒家知识、礼法制度的市场，当然也不会有科举制度的推行。随便进行个简单的统计就会发现，从公元618年唐朝建立到1905年科举制度废除，中国历史上历届的科举考试获得状元的人数中有83.1%的人来自农民以及贫民家庭，而只有16.9%的人来自之外的家庭。可见，正是这些无知的农民成为科举考试的忠实追随者，成为统治者借以统治国家的政府官僚。

第三，尽管不断地有农民成为有教养的知识分子乃至封建官僚，从一个低级的阶级上升为统治阶级，但是农民不断增长的人口永远是制造没有教养、没有文化的血性农民的工厂。在中国历史上，从秦国建立到1911年，中国历史上发生的农民起义多达几千次，有的世纪里可能多达数十次甚至百次。在这些农民的眼中，只有一个逻辑，那就是，谁给我饭吃，给我田种，谁就是好皇帝；否则不管张三、李四还是王五，只要你剥夺我的饭碗，打破我赖以生存的家庭港湾，我们的选择就只有一条，那就是揭竿而起，直捣皇宫。他们不像知识分子，足智多谋而缺乏勇气，他们也不像官僚阶级，诡计多端但缺乏正义，他们是一个理性、保守但也容易冲动的血性群体。在这些人的眼前，有着一道最后的防线，如果皇帝和宦官不逾越这条线，他们就相安无事；反之，如果有人胆敢逾越这条生命的防线，他们就会像脱缰的野马、出笼的猛虎。在中国历史上，这种脱缰野马、出笼猛虎很多。陈胜、吴广的起义如此，黄巾军的起义如此，赤眉起义如此，太平天国、义和团等都如此。对于统治者来说，这是多么可怕，因为这代表的是统治者与被统治者之间的搏斗，更是生死之搏，为了生存而拼死的一搏。

第六章 三思而行

经济学中有一条规律，那些拥有资产的人就拥有权力，有权力和资产的人往往就成为统治者，因而一个社会的长期发展应该从这些人身上及其制定的各种制度上寻找发展还是不发展的根源。但在中国历史演进的道路上，却不断地重复和上演着另外一条规律，即那些没有资产的人、没有权力的人也能成为隐性的统治者。他们不掌权，也不当官，但却实实在在地影响着几千年来中国历史的进程和方向。

你给我饭吃，我就任凭你统治；你不给我饭吃，我就直捣你的老巢。农民吃什么？农业、粮食、土地。农民喝什么？农业、粮食、土地。所以在中国千年史的演进过程中，任凭统治者制定什么样的政策、制度，如果你动了我的三个宝贝奶酪，我就让你不得安宁。如果你不动我的宝贝奶酪，大家就相安无事。如果你动了我的宝贝奶酪，并能保证还我更大、更好吃的三个奶酪，我也会跟着你走。如果不如此，就只有一条老路可走，那就是我还是要我的三个宝贝奶酪。其结果是，中国社会的演化永难跳出农本社会的老路，而经济学家所谓的工业革命就永远是一个让人难解的李约瑟之谜或韦伯问题。

这个问题是否难解？看看两千年来的历史，的确难解。秦汉时期，中国的市场经济曾盛极一时，但最终烟消云散；两宋时期，中国曾出现过走出农本社会的主、客观条件。临街商铺，可商可坊，街道小贩，可走可留，城市化也一派繁荣景象，但最终美梦破灭。元朝时，意大利人马可·波罗甚至还受到忽必烈的信任，多次作为钦差出巡九州。明末清初再次出现这种向工商社会转变的迹象，郑和七下西洋，康有为、辜鸿铭出访欧洲，洋务运动，百日维新等，但最终只落得一个只开花不结果的"资本主义萌芽"的虚名。鸦片战争以来，经过无数仁人志士、革命先烈的奋斗、呐喊、流血、牺牲，直到20世纪80年代的改革开放，中国才算慢慢走出了延续千年的农本社会老路。然而，如果真的把这个问题看透了、看通了，就会发现它并不难解。中国农民可怕不可怕？其实并不可怕。只要给他三个宝贝奶酪，或者拿掉他的三个宝贝奶酪，保证还给他六个更大的奶酪，他就不可怕。这就像生活中雷电的道理，如果懂得了它背后的科学道理，它就不可怕了，然而如果不懂，则它就变得十分可怕。

如果你从这个角度看看中国历史演进的整个过程就会发现，秦汉以来，农民可怕的神话逐步得到巩固并延续。但改革开放以前的千年历史进程中，历代的统治者都只认识到了农民的可怕之处，却始终没有打破农民可怕的千年神话。改革开放虽然只经过短暂的 30 多年，但却创造性地遵循并破解了农民可怕这一千年的神话，如果真是这样，我们就不难理解改革开放之所以这么成功的根本原因了。

第六章　三思而行

上海的黑车治理应有新思路

上海各大地铁、公交站点的黑车顽疾多年来都没有得到良序治理。黑车顽疾自从 20 世纪 80 年代初出现至今，为什么能像牛皮癣那样，始终未能得到有效治理呢？现在看来，恐怕问题并不完全在于黑车车主的法制观念淡漠，而更主要地反映了我们有关管理部门传统的黑车治理思路存在问题。其典型表现是相关管理部门每次都抱着取缔而不是良善治理的思路来思考问题，每次都从管理者角度而不是被管理者角度来处理问题。

在新的时代条件下，有必要对这一传统的黑车治理思路进行认真反思。一是，在市场经济条件下，私人利用自己劳动，抓住市场空缺，承担一部分公共服务并赚取收入的行为具有一定的客观合理性，这与小偷偷东西、偷税漏税的行为存在着本质区别。我们与其几十年一贯地将之定位为"黑车"，但始终未能得到有效根治，还不如务实、真诚地将之合法化并进行有效的管理。二是，传统的黑车治理思路，阻碍了私人和社会资本进入社区交通产业的可能性，不符合国家有关鼓励、支持、引导民营经济发展的新精神，强化了少数权力部门以此设租、寻租、腐败的冲动。黑车治理事情虽小，但事关大多数上海市民日常生活的安危，关系到社区公共服务有效供给模式的探索。传统上的黑车治理思路难以经济、高效地解决社区公共交通产品供给，与上海市建立责任、高效和法治政府的目标极不相称，上海有必要在这方面进行超前性探索。

第一，从观念上，改变过去"取缔式"、"非法劳动收入"的黑车治理思路，承认私人劳动者自己投入一定资本提供有偿社区公共服务的合理性，积极准备对传统的黑车治理思路进行改革和探索，尝试黑车治理以及社区公共交通服务提供的新思路及其可行性。为此，应尽快组织经济学界、社会学界的专家、学者研究私人资本、公共资

本、个体进入社区公共交通行业的可行性、经济性和相对优劣势。

第二，在短期内，将现有的黑车纳入轨道交通及其车站的管理体系之中。原则上，对黑车集中的站点应加派少量专门人力，对黑车车主进行公共安全、交通常识的宣传与教育，说服他们进行合法的身份和车辆登记，对轨道交通站点周围的载客行为进行有效管理，原则上每辆车每月收取一定数目的管理费用。这样就可以有效地降低黑车运营给人民群众带来的安全隐患，同时，又不会造成采取传统黑车取缔做法所带来的无业游民增加以及相关的社会安全隐患。

第三，从长期看，目前上海的少数地区已经进行了公共资本进入社区巴士服务的运营试点，从实际效果看，结果不尽如人意。黑车治理可以让私人、个体成为投资主体，当然可以作为另外一种替代性的社区公共交通提供方式来进行试点。通过试运营，有效地探索社区公共交通服务私人提供的新模式，同时，从媒体宣传上，也可以塑造私人资本、公共资本公平参与社区公共交通行业、公平竞争的良好氛围。

第六章 三思而行

学习者为王，不学习者为寇

我们身边的这个世界还很不完美，比如国际舞台上有超级大国欺侮小国的情形，我们身边有身强力壮的强者霸占别人田地、财产的情形，还有不少厂商利用别人的声名、品牌干着自己赚钱、坏他人名声的勾当，更有非法学术团体和个人，将别人的成果稍事整理、排列就写上自己名字的恶行，当然也有组织和单位的人员利用手中的职权为一己之私而疯狂谋利的事情在不断蔓延、扩散。

但让人尤为可喜的是，我们这个世界毕竟已变得越来越有竞争性，越来越具有活力。比如1820年前，中国是令世界羡慕的"天朝大国"，尽管科技创新没有15世纪以前那么辉煌，但经济作为一个整体仍然在继续增长。难怪乾隆皇帝在与西方使者交换了礼物之后，毫不犹豫地说了一句令西方人十分惊讶的话：我们拥有你们西方的一切，因此我们不需要你们的任何物品。然而让很多人难以预料的是，英国在经过14—15世纪的文艺复兴、15世纪的宗教改革和商业革命、1688年的光荣革命——宪政改革、18—19世纪的工业革命以及19—20世纪的第二次工业革命之后，便在经济、军事、科技等方面超越了中国。

可这个高傲地自称为"日不落帝国"的英国好景却并不很长。19世纪后半叶，在英国北美十三个殖民地基础上成立的美国很快便凭借着开放、自由的政策，吸引大量具有创新和冒险精神的探险者，来自欧洲、南美洲、亚洲的源源不断的移民，以及不断地学习、进取，孜孜不倦地追求利润，从而迅速成为20世纪的西方大国。

20世纪20年代，一个伟大的社会主义苏维埃在炮火后的俄国资本主义废墟上诞生，并在此后的多半个世纪中给所有的社会主义国家带来了希望和期盼，仿佛一个赶超发达国家的战役已经打响。然而在人们目睹了苏美争霸——相继登月、军备竞赛，社会主义即将战胜资

本主义，并将进入 20 世纪最后 10 年，已成为社会主义旗帜的苏联以及团结在它周围并分享丰富营养的诸多东欧国家却相继出现了经济、政治和国家的解体与多米诺骨牌式的倒塌。

人们不禁要问：社会主义出了什么问题？资本主义是否如马克思所描述的那样是那块"腐朽、垂而不死"的朽木？

早在 1926 年，一位叫做斯宾格勒的历史学家就写了一部令西方都称奇的《西方世界即将衰落》的巨著。然而，这个世界的发展都并没有按照这位历史学家所料的那样向前发展。相反，一直到这位历史学家出版其著作之后的近一个世纪内，市场上各种各样有关西方世界兴起、资本主义走向繁荣的书籍却不断地增加并迅速地传遍了整个世界。

20 世纪 60 至 70 年代，当东西两大阵营、两个大国在意识形态的剧烈斗争中相互争夺和不断消耗时，日本、中国香港、新加坡、中国台湾、韩国却依赖自己灵活的政策而务实地选择了自己的发展战略，并最终步入了发达国家和地区的行列。

在这个由贫穷走向富裕的过程中，尽管有不少的国家试图控制国际组织，如世界银行、国际货币基金组织甚至联合国，乃至各种各样的组织，如北约、华约，试图使自己的竞争优势能够长期保存，但这个世界不断前进、越来越具竞争性的步伐却让这些想法、做法逐步落空甚至变得日益徒劳。

中国再没有继续其"唯我独尊"的发展老路，也不再纠缠于姓"资"还是姓"社"，而是逐渐地寻找到了适合自身发展的"渐进式"改革道路，于是中国的农村改革、分权式财政改革、城市改革、住房改革、国有企业改革、金融改革等相继启动并逐步深入，而中国经济也不断地塑造出一个又一个令世人惊奇的"意外"与"奇迹"。

中国是否继续改革开放以来的辉煌，并重新恢复其 15 世纪以前的科技辉煌？印度能否超越中国，成为下一个"中国制造"？谁将是未来二三十年后世界经济的翘楚？答案还不十分确定。但有一点是清

楚的，即这个世界正变得如此具有竞争性，任何国家要想维持自己的某种优势，不管是军事、技术，还是经济、社会或者政治等方面，它都必须保证它拥有比别人更多、更强的比较优势。

这个优势是什么？它肯定不单单是文化，否则 18 世纪的英国就不可能超越此前已很发达的中国；也肯定不单是资源和地理禀赋，否则世界经济发展进程中的后来者多半会是那些资源丰富、地理位置优越的国家；当然也不会纯粹是某种主导性的世界体系，否则美国就不可能或者很难超越英国，而其他的国家也不可能超越美国；自然也不可能是某种发达的、先进的政治体制优于某种落后的政治体制，如社会主义对资本主义，否则世界上发达国家的阵营上就会飘动着越来越多的更高级社会阶段的旗帜。然而，无论是从概率意义上，还是回归意义上看，我们都难找到任何单一的因素，并能成功地解释长江后浪推前浪的这种比较优势。

那么，这个优势到底是什么？

它一定是学习。正是由于学习，才使得 14—17 世纪的欧洲变成希腊科学精神的继承者和创新者；正是由于学习，才使得 19 世纪的美国成为 18 世纪英国新教伦理和自由思想的继承者和超越者；也正是由于不断地学习，才使得第二次世界大战后的日本、德国、亚洲"四小龙"（中国香港、新加坡、韩国、中国台湾）相继成为经济发展的新秀；同样，如果没有不断地向西方、向历史学习，没有无数仁人志士自鸦片战争以来一百多年的摸索和奋斗，同样也不会有古老中华巨龙在改革开放之后的再生和经济腾飞。

不学习和学习是一枚硬币的正反两个面。中世纪的欧洲之所以被称为"黑暗的欧洲"，原因就在于那时的它被宗教和独裁统治斩断了学习的神经；同样，15 世纪以后"黑暗的欧洲"由落伍转而复兴，

而中国逐步由世界的"中心"转而成为世界的边缘①，也再次表明学习与不学习将会给整个国家的发展带来天大的差别。如果学习和不学习的逻辑是如此的话，则我们还可不经意地发现，以前作为社会主义大哥的苏联及东欧国家之所以走向解体，其背后的原因也许正是一种固定不变的思维、一种僵化的模式，固化了它的组织、团体、人事，阻碍了它学习、增强自己，改造自身的能力。

那么，这种不断学习的优势又来自哪里？在精神层面看，它定是一种精神，就像熊彼特所说的那种企业家对"创造性破坏"的不断追求，也是凯恩斯所说的那种投资者对利润的"血性冲动"，更是冰天雪地上饥饿的北极熊那种对食物不断追寻的热情；在制度上，它定是一种有效率的制度、一种合理的激励机制，就像古人所说的那种"重赏之下必有勇夫"的赏罚机制，更是林肯所说的那种"为天才之火添加利益之油"；在组织上，它就像运动场上能使接力赛进行下去的接力棒、运动场和组委会，就像战场上能使军令如山倒的各种组织、人事和纪律，更是华盛顿宁愿牺牲自己的职业前程而奠定今后游戏规则的勇气。

记得十月革命以后，列宁曾向苏联共产党人提出了"学习、学习、再学习"的任务。而今苏联已不复存在，我想问的是，不知如今的苏联共产党员在重读这句话时会有什么样的感触？同样，古人也曾这样告诫世人："学如逆水行舟，不进则退，为学者患无疑，疑则进也。"我也想在此发问的是，如果国人能够响应古人的这种号召，哪会有近代甚至当今的中国科学落后？

看来，学习的能力无论对个人还是对国家而言都至关重要，但要

第六章　三思而行

---

① 尽管中国在 15 世纪以后已经没有太多新的技术进步了，但经济总量仍然高于欧洲。按照著名经济史学家安格斯·麦迪森在《中国经济的长期表现：公元 960—2030 年》中的说法，1820 年中国的 GDP 占世界的比重为 32.9%，印度为 16%，日本为 3%，美国为 1.8%，俄国为 5.4%，整个欧洲加总为 26.6%。那个时候，中国是世界上名副其实的超级大国。

使这种能力长久保存并成为一种动态的比较优势则难上加难，毕竟这个世界经济和政治舞台上上演的总是同样的戏剧，"学习者为王，不学习者为寇"。

上海被海水淹没 VS《物权法》高票通过

最近一段时间以来，有两大话题引起了我的注意：其一是海平面上升，上海将在未来50年内遭淹；其二是经过第十届全国人大五次会议激烈讨论，《物权法》于2007年3月16日高票通过。这两大话题一忧一喜，让人心中充满惆怅。

《物权法》高票通过，那是万民欢喜，也是中国繁荣昌盛的一个重要的微观基础。按照经济史学家诺斯等人的说法，有效的产权是经济发展的重要保证。孟子说："有恒产者有恒心。"孟德斯鸠说："所有权是道德神。"其实表达的都是同样的意思。"风能进，雨能进，国王不能进"，则是一个普鲁士版本的《物权法》——1866年，威廉一世虽然贵为普鲁士国王，虽然刚刚率领大军打败奥地利，并把500万人口和64万平方公里的领土纳入普鲁士的版图，但却只因强令其手下拆除了一位平民的破旧磨坊而成了法庭上的被告，结果是他最终在法庭上输掉了这场官司，这句名言就是那位平民胜利时刻说的一句话。

今天，我们中国人也有了这样保护人民合法财产的法律，其中人民群众关心的10大热点问题，从拆迁、征地补偿，国家抢险救灾是否可征用民房，到建设用地使用权、不动产、合法财产将受到法律保护等均有所涉及，而且无论是从提法还是力度来看均有令人惊喜之处，尽管还存在诸多不完善之处，但我还是要振臂高呼："《物权法》万岁！"因为毕竟从无到有是大进步，而从有到完善则是小进步。

上海被淹这一话题则比较恐怖。记得我学习中学地理课程时，课文里就讲到上海地下水开采过度，地面不断沉降，当时已有据可查。当时我就在想，如果上海的地下水开采不能有效得到遏制，那么，未来若干年内上海被淹很可能就会成为现实。后来，自己就从山区来到繁华的大上海，并在此安身立命。也许是自己置身其中，所以此后多

年末闻上海被淹的消息，也没有了当初那种上海被淹的恐怖想象。

2007 年 3 月 19 日，英国资深环境记者保罗·布朗在广州市科协和英国领事馆举办的论坛上再次告诉公众，如果人们再不对温室排放的气体进行有效控制，到 2050 年，全球的气温将在原先的基础上再上升 2 度，到时像上海这样的沿海城市将有被海水淹没的危险……

中国国家海洋信息中心的研究员 3 月 19 日也证实，到 2050 年长三角地区的海平面将上升 20 ~ 60 厘米，环渤海地区将上升 30 ~ 60 厘米，海平面上升是不以我们的意志为转移的事实……

中国测绘科学院的研究员认为，我国沿海地区的海拔只有 1 ~ 3 米，上海的平均海拔只有 1.8 ~ 3.5 米，最低处只有 0.91 米，长江三角洲和苏北滨海平原，有 11 000 平方公里海拔不超过 2 米……

3 月 30 日，英美科学家的报道再次提到，2050 年中国将有 1.43 亿的人口受到海平面上升的威胁，像上海这样海平面只有 1 米多的沿海地带将成为最先受灾的地区。

听着、看着这些新闻，我的心一下子降到了冰点。

年前我去香港参加香港经济学会的双年会议，又听到澳大利亚著名华裔经济学家黄有光在主题演讲里讲到近年来全球气候变暖的事实，并笑称香港无须担心被上海超越，因为 50 年以后，上海将变成海下，而香港由于多山，所以亚太金融中心的位置不会动摇。看到黄老师所举的那些实实在在的数字和证据，上海被淹的恐怖想象再次回到我的眼前。

这是谁的错？罪魁祸首又是谁？该怎样来应对？这些都是大问题，是联合国、各国政府首脑讨论的问题。而作为市场经济的一分子，我的心早就想到了 50 年后一个十分具体而细微的问题上去了。

第一，在上海被海水淹没之前，我肯定别无选择，只有一条路，那就是西迁，但走的时候我该拿些什么东西呢？房子我是搬不动的，虽然它值钱但毫无办法，销售变卖吧，也无人认购，因为认购的人又不是水下动物。车子吧，可以开走，但是估计那时大家都开车走，所以，由于交通拥挤可能开车还不如步行。衣服吧，就干脆不拿了，因为万一海水上来，拿着衣服走反而会先沉下水去。家里还有什么值钱的东西吗？看来只有伴随自己苦苦生活了大半辈子的书，书一定是顶顶值钱的东西了，因为它帮着自己赚了大半辈子养家糊口的钱，但问题是书太重，数量又多。记得我 37 岁那年统计了一下，共有 1 000多本书，之后又过了 50 多年（相当于我 87 岁时），几乎每年都会购置 200 本左右，现在估计藏书的总数已经超过 10 000 本了吧。但不拿吧，水下动物又不认识字，拿吧又太重，拿不动，怎么办？想来想去，干脆在海水上来之前提早用超速扫描仪或者超级快速数码相机，将其中内容转化为电子形式发往西部的黄土高坡，然后等我回去以后再在那里重新开展研究，继续赚我养家糊口的钱。或者，到时万一来不及扫描，那就干脆先弄个皮划艇将书都放在上面，到时不管谁拿到，总算世界的知识存量没有因为上海被海水淹没而减少。

　　第二，在西迁的路上，我的心里也一定久久难以平静。想想也是，约半个世纪前，为了得到上海人的文化和身份认同，我硬是从推销员干到了销售主管，从销售主管干到了大区销售经理。但自己生不逢时，当时上海刚开放，上海人非常排外，乘车时若听到有人讲普通话，全车的人会集体向你行"注目礼"，仿佛是见到外宾一样。我感觉很不好，于是又拼着老命，硬是通过研究生考试的形式将自己的户籍从西部弄到了上海。后来一发不可收拾，又从硕士读到博士，再做博士后，终于在上海的高校里弄到了一个"终身教职"，但钱还没赚多少，福还没享多长，却在不可抗力的胁迫下无奈西迁，这当年所下的那些功工夫不是白费了吗？但天不饶人，在这年头，泥菩萨过河自身难保的条件下，西迁肯定才是最优的选择。

　　第三，想想上海也感觉可惜。虽然上海自 1292 年正式建县以来的时间并不长，特别是在 1840 年以前上海并不发达。后来帝国主义列强来了，上海开始成为帝国主义国家进军中国的桥头堡，商贸、经济、政治活动才开始频繁展开。1949 年后，上海开始感受到社会主

义的温暖，但在 1991 年前并没有太大发展。邓小平南方谈话之后，上海的经济、社会、人文环境、人民生活水准大大提高。但好景不长，2050 年就要被水淹了。仅上海损失的高楼就有 3 000 栋，如果按每栋资产 2 亿元计算，共计 6 000 亿元；各种电信、网络、道路等基础设施 50 000 亿元；外资企业、国有企业、民营企业 20 万家，每家资产平均 500 万元，计 100 000 亿元；各类文献、材料价值 50 000 亿元；大学、中小学、医院等公用事业单位 20 000 家，每家价值 1 亿元，共计 20 000 亿元；另外上海土地面积有 6 340.5 平方公里，其中有 1/3 被淹，也就是 1 902.15 平方公里的面积被淹水下，按每平方米 8 000 元计共 152.172 亿元；最后还有 15% 的人口在大水来临时没有来得及逃脱，结果命丧大海，共计损失 2 250 万元，各项合计总共损失 226 152.397 亿元。

第四，想想实行了近半个世纪的《物权法》，心中就更不是滋味。几千年来，中国人一直在"普天之下，莫非王土；率土之滨，莫非王臣"的公有钟罩下生活，私有产权的概念一直没有得到充分发展。19 世纪后半叶以来，受启蒙思想的影响，情形有所改观，但敌视私产的观念却随处可见。洋务运动致力于发展工商业，但主导权仍在官府手中；孙中山高扬"天下为公"，但"三民主义"中却没有经济自由主义和私有产权的地位。"五四"运动举起了"民主"和"科学"两面旗帜，但仍然没有改变"均贫富"传统思想的影响。

1994 年，《物权法》开始起草。2007 年 3 月 16 日，经过 13 年讨论和起草的《物权法》终于在十届全国人大五次会议上高票通过。经过 43 年的发展，《物权法》已得到广大人民群众的认可，成为国富民强、社会和谐的坚实法律基石。但由于上海、天津、广州、宁波等沿海城市的被淹而遭受重创。首先，内地城市出现大批毫无私产的流民，这时"均贫富"的声音又再次喧嚣尘上。其次，这部《物权法》中有关发生自然灾害或不可抗力情形下的约定只有两条，第一条是承包地因自然灾害而毁坏的，可根据《农村土地承包法》进行承包调整（第一百三十条）；第二条是宅基地因自然灾害等原因灭失的，可给予失去宅基地的人重新分配宅基地（第一百五十四条）。但对于城市由于自然灾害、地震等不可抗力造成市民失去住所、房屋等情形则没有任何涉及。这意味着，我们面前的这部《物权法》，尽管相比历史已是一次伟大进步，但相对于未来特别是不确定性条件下、不可抗力条件下的情形则还显得并不完善。

　　海平面上升、冰川消融属于不可抗力，上海被海水淹没尽管是种可能，甚至根本不会发生，但一部能包容这些不可抗力和自然灾害条款的界定人们和社会物权的法律一定是一部颇具灵活性和广延性的法律。

第六章　三思而行

管理取胜

▲是骡子是马，拉出来遛遛▼

"是骡子是马，拉出来遛遛"，这是一句农村人常讲的大实话。这句话虽然朴实，但很实用，因而也就成了中国老百姓千年来遵行的一个重要的办事原则。比如，什么样的牲口最适合耕地呢？有的人说，牛最适合耕地，因为牛的力气大，再硬、再干的地都不怕，而另外一群人则说，当然是马的力气大、效率高，因为马的韧性虽然不如牛，但马耕地的速度快，因而效率要高很多。记得小时候，妈妈和爸爸就经常为了这样的问题而讨论半天。后来，为了弄个水落石出，于是我们家干脆决定，今年耕地借别人的马，来年耕同样一块地再借别人的牛，结果两三个回合下来，我们就清楚了：马的速度的确快，但力气不是很大，并且韧性也没有牛好，碰到较硬的地块，就显示出马的缺点了；牛却相反，地软一点、硬一点无所谓，耕地时间长一点、短一点也无妨。

其实，对待生活中的很多事情，老百姓都清楚这个原则的实用性。比如，村子里来了一位新的村长，相貌堂堂，一表人才，讲起话来很好听。老百姓心里的看法就是："是骡子是马，拉出来遛遛。"于是，在过了一段时间之后，这位村长是否很有能力，是否能够很快适应农村生产和生活的状况，能否较快地带领或推动当地老百姓发展生产、改善生活，村里的老百姓也就十分清楚了。邻居的孩子很聪明，小学时年年拿奖状，老师天天放在嘴边夸。村子里的人听到后，还是那句老话："是骡子是马，拉出来遛遛。"因为小学完了有初中，初中完了有高中，高中完了有大学，大学完了可以念硕士，硕士完了有博士。此外，如果说上学不是评价一个人的唯一标尺，那么班长上面有组长，组长上面有科长，科长上面有厂长，厂长上面还有县长、市长、省长、部长等。因此，邻居家的小孩是否真的天资聪颖，智慧过人，拉出去和其他地方、其他学校的甚至其他国家的人一比较就知道了。

现在，同样的逻辑也发生在中国城市的大部分角落。比如，某工厂里来了一位新厂长，"新官上任三把火"，所以暂时还看不出个究竟来，但是三把火过后还有没有火，是小火还是大火，是新火还是旧火，时间一长也就看出来了。这就像骡子或者马一样，刚耕地时是看不出来的，但是时间长了也就能看出个究竟来了。又比如，企业里面来了一个新上司，学校里面来了一个新校长，这个新上司、新校长怎么样呢？当然一时半会是看不出来的，于是，老百姓也会采取同样的标准和逻辑来看待、衡量他们。

在学术圈子中，情形也是如此。一个人是否善于钻研，是否有科研的潜力，也并不能光看这个人怎么说，而更重要的是看他怎样做。就像外交部发言人所说的那样，对于某些人或者某些国家，我们不仅要观其言，更要察其行。看看，这又是那句老话："是骡子是马，拉出来遛遛。"这个骡子或马到底怎样呢？这不能光看长相，而且还要看其表现。

令人颇为可喜的是，现在几乎所有的国有大中型骨干企业、民营企业、外资企业，甚至我们的党政领导干部，省级、地市级的领导干部的任免，也基本上依赖了同样的原则来进行决策。相对于改革开放以前，这不啻是一种历史性的进步。因为这种逻辑虽然简单、朴实，但却表明了几千年来中国历史上前所未有的深刻历史变迁：

以前，这样的逻辑只是中国老百姓藏在心底的、实用的一种生存法则，这就像谷雨、芒种那些农历那样实用，也像"种瓜得瓜，种

第七章　管理取胜

豆得豆"那样实在，而现在这样的法则却成了整个国家得以运转的一个重要逻辑与制度机制；

以前，这样的逻辑至多在历史上的某个朝代、某个皇帝、某个地方官员的某个时间段、某个地点成为一种暂时性、过渡性甚至冲动性的行为，比如我国历史上不少朝代所实行的休养生息政策及其所带来的短暂的"文景之治"、"开元盛世"、"康乾盛世"等，而现在这样的逻辑则成了整个中国政府、各个层面推动经济和社会发展的重要制度机制；

以前，这样的逻辑只存在于中国老百姓的心中，而不是很多统治者的心中，结果，统治者和被统治者之间所想的永远是不同的事、不同的物，而现在，这样的逻辑却在中国的政府、老百姓、经理人、普通工人、技术员工之间形成了一种天衣无缝式的默契和无缝链接。

这种逻辑叫做什么？在中国农民的眼里，这就是一种实用的生存逻辑和技巧。在中国政府官员的眼里，这就是发展才是硬道理，就是所谓的实事求是、实践才是检验真理的唯一标准。在哲学家的眼里，这就是一种不同于虚无主义、不同于唯心主义、不同于空想主义的地地道道的实用主义哲学。在中国经济学家的眼里，这则是一种激励相容的制度设计，一是它给予了中国老百姓、企业、经理人追求自身的利益以一种法律性的肯定；二是它还将这样的逻辑转变为一种老百姓、企业、行政机构、政府官员、经理人、个人与集体、地方与国家相互联系、相互促进的激励机制。

从这个角度看，1978年确是一个伟大的年份。在这一年中，这样的机制在中华大地上得以酝酿、发芽；在这一年中，这样的逻辑成了一个政党、一个国家及其老百姓、经理人的共识；从这一年起，中国政府在处理内部经济事务、政治事务、国际事务方面的作风也与以往有了翻天覆地的变化。而也正是从这一年起，中国的经济就像涓涓的细流汇集到了大海，就像波涛汹涌的长江和黄河而川流不息；中国的政治也日益文明，中国的军事正日益强大；中国老百姓的生活、中国的综合国力也出现了日新月异的伟大变化。而也正是这样的逻辑和机制，才导致了"东亚病夫"这个历史绰号的彻底摒弃以及东方巨龙在新世纪的迅速崛起。

改革开放已三十多个年头，愿这种发自老百姓心里、贯穿上下、激励相容的逻辑和机制向着那些还没有转变的企业、部门、地区，还在抗拒的角落推进，并成为推动中国在 21 世纪崛起和腾飞的动力！

第七章　管理取胜

经济世界最大的成本是什么？

　　某日去单位办事，跑来跑去的，花了两个半小时在路上，到单位以后，就为了签一个名字。去之前，我就在电话里跟办事人商量，是不是可以让我电子签名而不是物理签名，这样一则可以节省我的路途时间，让我将时间用到更有意义的事情上去，二则也省得他们到处找我，并在约好时间以后坐在那里眼巴巴地等着我的到来。后来听他们讲，这个签名具有法律意义，不如此做就没有任何意义。

　　我为什么这么痛恨跑来跑去呢？乃是因为我研究交易成本多年，对生活中、社会中的庞大的无谓时间、金钱、精力、资源等交易成本而感到深恶痛绝。结果，在我花了一个多小时到单位以后，事情在不到三分钟之内就全部解决了。就在我很纳闷的那一刻，办事人员的一句话激起了我的思考，问："你家住在哪里？"我回答说："单程一个小时多几分钟。"办事人员感觉不算远的样子，接着又问，"你到 A 校区单程一个小时约几分钟，那你到我们位于郊区的 B 校区不就单程 2 小时多几十分钟吗？"我回答说："完全正确。"他这么简单的两个发问一下子将我心底埋藏多年的痛楚说了出来。

　　在前地铁时代，的确如此，我就是这样摇摇晃晃地花费上 2.5 小时去学校的，上完两节课后再接着晃悠悠以同样的时间才回到家。我曾经粗略地计算过，我一年花费在路途上的时间成本将 3～4 倍于我的实际工作时间。可现在的情形是，上海已完全进入所谓的地铁时代了。自从美国回来以后的两年多时间中，我对上海地面发生的很多事情已全然不知了。上海世博这么大的工程就坐落在我家不远的地方，可只有专程经过，我才知道上海正在举办一场举世无双的盛会。我仿佛成了地老鼠一样，一出家门就钻入地下，一从学校回来就从地下钻出地面，坐地铁上班的时间缩短到 1.5 小时左右，但负面结果是我对上海地面发生的很多事情全然不知了。不过，问题并不大，较快地回到家，我可以看电视、听广播，在学校可以和教师、学生讨论，所以相对于前地铁时代无谓的时间浪费而言，我宁愿接受后地铁时代对上海地面状况的几分无知。

办事人员听到我此刻的回答，嘴中又冒出一句话："谁让我们这类从事经济和贸易的学校一下子搬迁到远离市中心的郊区去呢？那里又没有几个公司和外国人。"此话再次掀起了我的深入思考。

回家的路上，我一直在想着这个问题。作为经济学教师，天天在给学生讲什么成本、收益之类的概念，可我却从来没有认真地比较过到底哪个成本对经济社会的影响更大。

举个例子，一个可能的选择是说，会计成本是对社会、经济的影响最大的成本。但想想答案就知道自己错了。因为一个企业决策失误，它由此引发的成本虽表现为会计成本，但这笔钱却成了沉没成本，如果好一点，这个成本会变成企业下一步经营的经验和教训，而如果不好一点，企业下一步的经营过程中还会继续犯同样的错误。但这个成本对一个社会而言却不是最大的，因为 A 企业决策失误，并不一定全社会的企业 B、C、D 等都会决策失误，毕竟全世界的企业在同一时间发病的事情还是一个小概率事件。正是由于我们的社会上不断诞生越来越多的有竞争力的企业，所以，从长远趋势看，这个社会上决策失误的企业从比重上说是在降低的，其中可能有两个原因，一是信息传递速度加快，人们的学习过程加快，失误的决策很快就为人所知并记取；二是，从企业诞生以来，决策者常犯的一些错误已经基本被人们认识到了，以后企业所犯的错误将会越来越是人们较少见的一些新情况。

个人的情形也类似，比如 A 君应该是读研究生的料，应该从事科学研究，因为那是他的特长所在，可他却并不知晓自己的所长，在学校也不听老师的金玉良言，结果他这匹科研的好马在社会上晃荡了10 年之后才重新找到了自己的前途。对 A 君来说，这个成本就是过去10 年他走了那些弯路，这对于一个人来说，成本的确非常大，不

155

第七章　管理取胜

仅包括时间、精力、体力的消耗，而且更包含着事业的损失。这就是机会成本的概念。比如"文化大革命"期间，我们看到无数有志之士就这样完全沉没了，但这个成本对整个社会来说并不会太大。道理当然是类似的，因为 A 君走弯路，却不见得社会上除 A 君之外的所有人都在同一时刻犯错。

尽管这两个成本对企业、个人而言可能是十分巨大的成本开支，但对于整个社会而言，这一成本却不会太大。但这两个概念却共同指明了一个十分重要的信息，也就是除了会计成本、固定成本、变动成本、边际成本等之外还有一个非常重要的成本，它可以被称为"决策成本"，也就是由于决策失误所带来的沉没成本，于是，这一决策所带来的成本就跟决策人所处的地位高低密切相关了。一个普遍的规律是，决策人的地位越低，他决策失误的损失就越小，反之，他决策失误的成本就会越大。此外，这个成本是属于固定成本的一种，也就是决策人一旦决策失误就难以轻松退出这一决策，决策人决策的科学性也就因此会影响其决策失误的可能以及由决策失误所造成的损失的大小。同样，我们可以得到一个类似的规律，那就是决策过程越民主，决策前的信息收集越充分，决策成功的概率越高，而决策失误的可能性就越小，即使决策失误，其给社会带来的损失也小；反之，决策过程越不民主，决策过程越不透明，决策失误的概率就越高，而其决策失误的成本也就会越大。

尽管决策成本相对于其他成本而言对社会的影响更大，但这个成本也并不是对社会影响最大的成本，比这个成本对社会影响更大的成本可能就是所谓的制度成本，也就是当一个国家决策并实行某项制度所带来的成本。当然，如果这个制度非常有效率，它的作用就非常之大，对社会的损失也就越小；反之，如果这个制度非常不合理，由此所造成的制度成本也就越大。比如西汉时期，汉武帝推行抑商国策，这个影响可就大了。汉武帝当时宣布商人不得乘车，不得穿丝绸做的衣服，并对商人课以两倍的重税。《汉书·食货志》记载，一般的敝篷车收税二十文，商人的敞篷车收税四十文。同时还对商人的生产工具、财产征收重税。后来全国上下从事商业经营的大多数人都破产了。

其实对西汉政权来说，不抑商并不一定必然会给西汉政权带来冲击，但如果不能很好地疏导商人及其行为，就会给社会带来巨大的损失。可惜的是，汉武帝只看到了商人及其投机行为对西汉政权不利的一面，而没有看到它更加有利的一面。更加重要的是，他没有找到能将商人及其经济活动纳入国家合理的经济管理范围之内的有效方法，而只是简单地采取了抑制、取缔等杀鸡取卵式的做法。从现代经济学的视角看，汉武帝的这种做法其实就是一种惩罚性的税收制度，其结果大家就可想而知了。

如果明白了天下最大的成本乃是制度成本后，我们就知道，天下最大的收益是什么。它不是金钱收益，也不是爱情收益，更不是一个地区、城市的收益，而是一个国家的制度收益。比如中国改革开放以来 30 多年最大的收益并不仅仅是人民生活的改善，不仅仅是人均教育程度的改善，而是改革开放以后我国政府治理思路改变以后所出现的方方面面的收益，这个收益无论用怎样夸张的字汇形容都不为过。

再推而广之，世界银行、IMF、WTO 规则变化的收益也将是非常巨大的，因为它不仅影响到一个国家的制度改革，还可能影响到世界上不少国家的制度改革。比如 GATT 成立以来所进行的多次减免关税所取得的成效，对过去几十年间世界贸易的发展，发展中国家经济的兴起、政治的解放，整个世界文明程度的提升都具有非常重要的意义。

到此为止，我的基本问题也许已经阐述清楚了，也就是在经济世界中，制度成本是最大的成本，而制度收益也是最大的收益。但也许会有人问我，环境的成本可能是比制度成本更大的成本，因为如果人们不爱护环境，他们损失的就是他们或他们子孙后代的未来。但我想说的是，环境成本并不是最大的成本，因为虽然 A 国人不爱护环境，

但 B 国人也许爱护环境，A 城市的人不爱环境，也许 B 城市的人会爱护环境，更加重要的是，当一个国家或者一个世界的人都不爱护环境的时候，这时候的成本的确就是最大的成本。但说完这句话马上意识到，这时的成本依然是制度成本，而不是环境成本，因为全世界的人民都不爱护环境，这难道不是全球的规则或者制度的问题吗？

最后，制度当然还分影响范畴小的制度和影响范畴大的制度。因此，我们很快还会得出另外一个基本规律，越是小的、具体的制度，其成本就越小，越是范畴大、影响面广的制度，其成本也就越大，当然其收益也是最大的。

美国科学研究领先世界的诀窍是什么？

美国科罗拉多大学经济学系的 Keith Maskus 教授曾访问我院，期间顺便给我们老师和研究生做了两场报告，一场是关于如何写作和发表英文论文的，一场是关于自己最近的一篇有关发展中国家技术模仿与 FDI 关系的论文。学术报告当然是相当精彩，作者建构模型的技巧、对文献的熟悉程度、对现实经济现象的理解，以及从经济生活中洞察规律的能力等都达到了炉火纯青的地步。不过这个学术报告并不是对我冲击最大的地方，相反，对我冲击最大的倒是作者在前面一个如何写作英文论文的讨论会上所说的两句话。

当时很多年轻老师不断追问 Maskus 教授如何写作和发表英文文章。Maskus 教授先从问题的提出讲起，然后讲解了一篇好的论文的几个要件，年轻人写作论文常犯的一些明显的错误，并从自己审稿、发文章的经验告诉教师应该注意的一些地方，并多次强调了建立学术网络的重要性。期间，我提了一个问题，为什么在国内建立学术网络有一定难度，正好诠释了 Maskus 教授学术环境与文化有关的观点。这个问题的讨论还没有结束的时候，一位老师继续追问，结果，倒是逼出了 Maskus 教授两句言简意赅的总结，也就是从 20 世纪 50 年代以来，美国的科学研究之所以领先于世界，最主要的诀窍有两条：

一是美国人事制度非常灵活，美国的大学教授是美国职业灵活性非常高的一个职业。在美国的高校里，美国人可以来从事研究，外国人也可以从事研究，也可以频繁地在不同的研究机构中穿梭演讲、报告自己的论文，从不同的研究机构领取工资。这对于美国的科学研究和知识增进的作用是不容小视的。他说道，20 世纪六七十年代以前，美国的经济学家还没有逾越"自我尴尬"的阶段，写了论文也不太愿意给别人分享，因为那样做常常使作者受到很多的质疑，甚至处于一种十分尴尬的状态。今天，美国的经济学家早就超越了这一阶段，

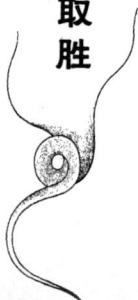

因为别人的严厉评论正好就是作者前进的强大动力。这一点也导致了后来美国匿名审稿制度、学术休假制度、学术访问和交流等诸多制度的逐步诞生。

二是美国政府给了作研究的人非常优厚的待遇，私人机构、基金会、教会、政府给了美国高校源源不断的研究资助。老实说，这些钱中很多的确是白花了，因为 100 个项目中间可能只有一二十个会成功，并作出了真正的贡献，但是美国各研究机构、基金会、政府都很清楚，探索未来是最艰难的，如果没有如此众多研究项目作铺垫，真正具有竞争力、能受到市场和社会认可的科学研究是不可能成功的。

为什么从 20 世纪 50 年代以后美国意识到这些制度的重要性呢？完全是因为苏联在 20 世纪 50 年代的飞速发展。比如苏联人加加林 1961 年 4 月 12 日第一个登上外太空，这个对美国人的刺激就非常之大，加之苏联从 20 世纪 50 年代以后飞速发展的军事技术，都使得美国人坐立不安。于是美国政府下定决心投巨资于科学研究，这个外部的"威胁"导致美国从此非常重视科学研究，给予研究人员非常优厚的待遇。

Maskus 教授在讲到这里的时候，半开玩笑地说，他倒是希望正在崛起的中国能够给予美国一些压力，这样，美国从事科学研究的人，比如经济学教授的工资以及所得到的待遇就可能会变得更好。听到这句话，我马上作了一个类似的反推，军事实力、科技实力、经济实力如此强大的美国其实也是促使中国进步的一个重要因素，如果美国能向中国施加更大压力或刺激，这就更能成为促使中国科技进步和重视科学研究的更大动力，结果全场的教师笑成一片。

Maskus 教授反复强调，一个国家要重视科学研究，完全跟文化有关系。总体上看，教授的这个说法完全是正确的，因为在这个世界上有的文化相对保守，有的文化相对开放。如果熟悉中世纪以来中西方的历史就会发现，中国的文化整体而言是一个相对内敛和保守的文化，而西方的文化相对而言是一个开放、外向和创新的文化。为什么

信 誉 卡

厂 名	大连北方博信印刷包装有限公司	检查员	12号
厂 址	大连市高新园区高能街42号	邮 编	116023
联系人	罗 芳	联系电话	0411-84790101 84794109 84710529

读者朋友您好：

本书如发现印刷、装订质量问题请直接与我厂联系，我厂将负责调换并及时送到您的手中。

请您将对该书印刷、装订质量提出的宝贵意见与要求，填写右面回执栏内一并寄回。

国的历史、现实。我认为，儒家思想和官僚体制都是一个中性的东西，它无所谓好坏，无所谓贵贱。只是由于中国的政府治理模式，将所有这些因素黏合在一起，从而构成了一个特殊的制度环境，在这个环境中，个人仿效他人进行活动是理性的，没有人愿意作出新的尝试与创新，没有企业愿意通过创新开发新产品进入市场，而试图通过官商勾结，让整个市场为其独享，或者通过简单的模仿来夺取别人的客户；作为政府官员，他更不愿意创新求真，因为那样做的代价巨大无比；作为知识分子，他选择通往官府的道路畅通无阻，成为科学家的前途渺茫。如果不是很有兴趣或者拥有很多财富，这个知识分子肯定走不了很远，结果可能穷困潦倒。这个环境乃是柏杨所说的一种"酱缸文化"。不管什么样的人、什么样的官僚、什么样的知识分子，如果投进了这个酱缸，他就会沾染这种味道、这种习气、这种风俗、这种礼仪、这种文化、这种惯性，结果每个人都这样做，就出现了一个这样的结果，没有人说中国的环境不适合创新，没有人说中国的环境难以产生科学家，但是产生这样的人的机会却越来越少，成本越来越高。这乃是一种伟大的制度均衡——"中国均衡"。其中每个人的改革激励都非常小，要想跳出这个均衡状态，只有两种可能：一是等待着伟人的降临，他靠着自己非凡的魅力、果敢的勇气、执著的追求或者坚定的信念、过人的胆识、铁血的手腕等，会扰动原先的均衡，成就一番新的伟业；二是不积跬步，无以至千里，不积小流，无以成江海，靠着时间长河的进步、能量的积累，终于慢慢走出一番天地。

就拿我们身边的事情来说吧。我们组织了一个很好的读书讨论活动。开学之初运行得非常之好。原因是这一时间段，各种组织（包括学校、学院、系、学生组织等）的活动都没有开展，我们这个读书俱乐部作为一个民间的、私人的兴趣小组，迎来了越来越多的读者，其中有教师、研究生、本科生，本科生中有准备考研的学生、准备出国的学生。一开始我们有 10 多个，后来人越来越多，再后来有 20 多人定期参加我们的活动。很多书友给我发信说，还有很多的书

友在我面前不止一次地说，这个读书俱乐部非常之好，自己从中学习到很多东西。还有老师给我发来信说，遗憾我们没有能参加上次的讨论，希望我们将每次读书讨论活动的记录发给他们，供他们学习。在网络上发布了我们的读书讨论活动记录之后，更有不少的网友发表留言，与我讨论。北京的"常青"网友更是认真地阅读我们每次讨论的记录，参与我们的讨论，并留言近 6 千字，与我展开激烈的讨论。

可好景不长，我们的读书讨论活动就不得不一次次地暂停了。暂停的原因有学生答辩，教师参加学习，参加各类机构、部门的会议。要是一个个单独的大家可以自由选择的会议也就没有太大的影响，问题的关键是，各种各样的会议都是一些计划性、强制性的会议。开始两次，我无奈宣布讨论延迟。到我第三次发布推迟通知时，我突然想到，让别人代我主持这个会议，这样我们的读书讨论活动就能继续。可当我好不容易找到了代理主持人时却发现，讨论的那天，学校的各个部门都要召开××大会，并且每个人都必须去，不得缺席。于是，我无奈再次推迟过去进行得轰轰烈烈而且很多人颇有兴趣的读书讨论活动。

在接下来的一个双周，我到底是否应该按时进行讨论？一个前提条件是，我得弄清是否有其他组织的安排，对于他们的活动，我不得而知。我不知道，我们的读书讨论活动到底应该取消还是应该更改时间？

读书讨论活动能否顺利继续，其实只不过是一个非常小的问题。但我举办这个读书会的时间选择却的确让我发现，时间才是一个稀缺的资源，中国的大多数人，时间并不属于自己，就好像周末不属于自己一样，随时随地，我们都会被一些人、一些组织召唤去，干各种自己不喜欢、不愿意、不情愿的事情。所以，我脑中突然冒出了一个经济学概念——时间的所有权到底在谁的手中？谁占去了我们的时间？

思想者（笔者女儿赵沈书蕾画）

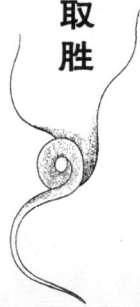

第七章　管理取胜

关系、业务与科技之不发达的一个解说

普天之下的芸芸众生，大体上可分为三类人：一类是靠技能吃饭的人，比如化学家、物理学家、空气动力学家等各种各样的专业技术人才，如牛顿、爱迪生等；一类是靠关系吃饭的人，如从事销售的人、从事公关工作的人、从事管理工作的人、从事服务工作的人，如管理学家艾克卡、销售大王原一平；还有一类是依赖关系+技能吃饭的人，如很多单位的 CEO、总经理等领导者。

这三类人各自具有非常不同的功用。比如，靠技能吃饭的人的最大功用就是解决问题。中国的大飞机要上天，所以就需要空气动力学、机械工程、工程力学等方面的专业人才，因为如果不尊敬、不依赖这些人才，大飞机就上不了天。但是靠关系吃饭的人就干不了这样的事。他们最大的功用就是能够稀泥抹光墙，因为没有他们，人们之间、单位之间的关系就较难处理，事情就由于人们之间、单位之间的目标各异而没有办法对付。而第三类人既有一定的技能，又善于处理关系，可以同时在两种活动之间自由转换，因此这类人的最大功用就是协调业务与关系，从事管理工作。

如果一个单位全是靠技能吃饭的人，那么，这个单位的业务活动可能会比较突出的，但是其同事关系、与外界的关系却可能很糟。同样的是，如果一个单位全是靠关系生活的人，那么这个单位的业务活动水平可能并不专业，在这个社会上的立足之地可能会越来越小，但是这个单位内部的关系、与外界的关系等也许都会搞得有声有色，所以这个单位的长远发展就没有了潜力和前途。

看来，一个单位要想保持长期的发展，可能就必须同时需要这两类人。其中第一类人从事业务活动，给这个单位的长远发展增添动力；第二类人则从事服务性工作，为前者保驾护航。但是仅有这两类人，一个单位还不足以正常运转，毕竟还需要第三类人，因为他们最适合从事管理工作，一则他们熟悉业务，在管理时可能不会出现外行管内行的现象；二则他们又能处理好上下级、内外关系，因而也是一个单位不可或缺的一员。

一个基本的规律是，依赖技能吃饭的人常常不会搞关系，而擅长搞关系的人却常常不精通业务。所以，这两类人要有所发展，就必须有伯乐发现他们的功用，否则他们的发展就会面临问题。那些既有一定技能又擅长搞人际关系的人就具有前两类人所不具有的比较优势。于是，当机会来临时，他们成长的空间就会比别人大。

在中国传统文化的长期熏陶下，第一类人本来不善于搞人际关系，但他们中的不少人慢慢地就注重搞关系了；第二类人本来就善于搞关系，所以在中华文化下如虎添翼；第三类人本来会将一部分时间花在业务上，一部分时间花在搞关系上，现在他们的重心就越来越多地向人际关系这方面转化。于是，那些不会搞关系的人就成了被文化边缘化的一群人了。这样，国内那些对市场反应不敏感的单位中，第二类、第三类人的比重就会越来越多，而第一类人的比重就会越来越少。

这是我今天讲的一个简单道理，但这个道理却可以解释中国在14世纪以后科技不发达的原因，也能解释当今很多事业单位业务不发展、成绩不突出，很多大学难以走向一流，中国出不了诺贝尔奖获得者的原因。

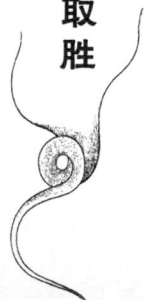

第七章 管理取胜

中国崛起的制度经济学逻辑

某天在阅读一期《读者》杂志，因为我有一篇文章发表在 2010 年第 17 期上面，突然发现了一个值得思考的问题。在一所小学的午饭时间，老师在吃饭，学生们也在吃饭。一个学生很快就吃完了菜，可能觉得这顿菜不错，于是就走上前去问："老师，我能不能加菜？"老师说："不能。"学生反问道："我怎么看见老师在加菜？"那个老师气急败坏地回答说："这是规定。"这个学生不解地走了。回到家里后，学生再次向家长提出这个问题，家长陷入了沉思，回答这个问题不太好，不回答也不好，只好不做声了。

从这个例子来看，"这是规定"乃是搪塞学生问题的一个办法，用新制度经济学的术语来讲，这就是一个制度。可是从新制度经济学角度看这个制度，就知道这个制度乃是一个不公平的制度，得不到大家维护和支持的制度。且让我们问开去，这个规定到底是谁的规定？本来按照道理，教师和学生共用一个食堂，各自都掏了一定的伙食费，因此，一个制度的出台理应考虑不同参与者的想法和见解，但我们发现的却是这样一个不公平的制度，因为它对老师而言是有权利的，但对学生而言却是无权利的。很显然，这个制度没有经过参与方之间的参与和讨论，更没有经过一个民主化的程序而制定出来，相反却是其中"强势的一方"利用自己的某种强势而制定出来的一项制度，它的目的不是界定一个公平的游戏规则，而是防范弱势的一方对强势的一方利益的可能侵犯。问问题的这个学生，如果他不太懂世故，可能就此作罢，可是若他足够伶俐，就会揪出一个值得终生思考和解答的问题。

作为这个小孩的家长，他也一定面临着一个两难的选择。若是将真实的情形告知自己的孩子，给孩子的感觉就会是，这个世界与书本上的世界怎么有如此大的反差？一面是美好、纯真、朴素，而另一面却是不公、复杂和纠结，从而很可能让小小的孩子失却了对未来的美好憧憬。当然，过早地将这样的真实信息告诉小孩，也可能给我们这个社会造成越来越多的小"大人"，看上去他们年龄很小，但是他们过早地介入了成熟的社会，看上去他们童心未泯，但偶然间会做出令父母、社会十分不解的事情。可是，如果不告诉小孩身边的这个真实世界，小孩子日后走上社会时会在无防备时陡然面对许多疑难、不解甚至挫折。

看看我们身边的世界，到处都充满了这样的规定。记者手中拿着《政府信息公开条例》到政府机关去，要求查询政府有关财政支出的公共信息，被告知："这个信息不能公开，这是规定。"当家属拉着疼痛难忍、即将临盆的孕妇到医院时，医院要求"先交费，再入院"，并冷酷地说："这是规定。"当你掏了几倍的钱坐上高铁以后，却发现速度并没有提升，而且原来的快线被硬性取消，当你问工作人员为什么时，同样被告知"这是规定"……

因为这些层出不穷的规定虽然美其名曰"制度"，但岂不知这样的制度不仅起不到制度应该发挥的作用，相反还会激发出另一套成王败寇、强权政治经济的追随者。如果是这样，我们怎么能够成就中国的崛起呢？

在我看来，中国之崛起，必定伴随着一套公平、公正的制度之崛起。

第七章　管理取胜

制度就像河道中的灯塔导引着船只前行（笔者摄于山东枣庄）

后记

本书收录的文章，绝大多取材于你、我、他生活中的真人真事，其中记述的案例、事实与思考，基本上是我从一个纯粹经济学人或者消费者的视角进行的经济思考、分析和评论，其中的不少案例曾经在我给本科生所讲的"微观经济学"、"宏观经济学"以及给研究生所讲的"高级微观经济学"等课程中使用过很多遍，并收到了良好的教学效果。通过这些案例的讨论，学生们一方面熟悉了现代经济学中需求理论、供给理论、合约理论、制度理论等对于理解中国现实问题的强大解释力，另一方面，对于经济学的初学者乃至很多一进校就准备步入社会甚至宣扬"读书无用论"的不少 80 后、90 后学子来说，这些案例的讨论一下子将他们引入了经济学扎实理论的神圣殿堂，使他们知晓了理论学习和严格训练的真正魅力所在。

作为一名有着内资、外资、国有、事业单位"四栖"从业经验的教师而言，我深深地知道"理论联系实际"这一哲学原理的重要性。在我日常的教学、研究和工作生涯中，我曾经直接或者间接地碰到了很多令人尴尬的例子。有的教师知识非常渊博，理论功底也非常扎实，但是他们往往成为学生不喜欢的那一类教师，因为他们的课堂大多平铺直叙，没有起伏，更没有笑声，往往成了简单说教、枯燥推理的场所。也有的教师，虽然上课时风趣幽默，案例颇多，但由于知识水平、理论素养有限，时间长了，教师身上的光环就渐渐褪去，学生也就失去了对这类教师的喜爱。

在我与几千名外贸学院学子（包括本科生、研究生）打交道、给他们上课的过程中，我渐渐地体会到了 80 后、90 后学子们的一些共同特点，那就是，他们才思敏捷，反应迅速，对新鲜事物的接受程度很快，对经营实务、如何赚钱有着非同一般的强烈向往，对理论有

着某种程度的排挤与拒绝。这些特质中有其正面的内容，但其中透露出来的负面内容，也让我们这些教育者身上的担子越来越重。我们不能我行我素，我们更不能对此不理、不问，因为只有不断地进取，不断地变换我们的教学戏法，才能让我们的下一代成为颇具竞争力的下一代。

书中收录的这些小品文，也许就是我这名经济学者"理论联系实际"的产物，也是我在经济学理论课之外变换教学戏法，并呈现给学生的另外一道开胃菜。曾经有数不清的学生参与了其中很多案例的讨论，虽然他们的名字我可能已经记不清楚了，但他们所在的年级我仍然清楚地记得，他们分别是上海对外贸易学院 2005 级、2006 级、2008 级、2009 级经济学专业、国际贸易专业、金融学专业、保险学专业、资产评估专业的本科生，还有国际经贸学院、金融学院、国际商务外语学院、国际法学院的研究生们。其中还有那些通过这些经济学案例，逐渐步入国内外经济学殿堂，在华盛顿大学圣路易斯分校、乔治城大学、丹佛大学等攻读硕士、博士学位的同学们，在上海财经大学、清华大学、复旦大学等高校攻读硕士和博士学位，以及已经毕业在美国以及著名咨询公司工作的学子们，在此对他们在课堂上的积极讨论和对我案例的有益建议表示衷心的感谢。

此外，对于此书的出版也有不少人提供过直接或者间接的帮助。我的研究生张平、潘刚曾经通读了书稿的大部分内容，他们还参与了书稿初期的文章分类、阅读、评论、校对。华南师范大学的董志强教授最初给我推荐了一家出版社，上海对外贸易学院的龙江教授也帮我推荐了另外一家出版社。香港科技大学的王勇助教授是我在芝加哥大学访问期间认识的好朋友，是诺贝尔经济学奖获得者卢卡斯、迈尔森的学生，他多次鼓励我出版该书，并热情地为该书的出版撰写了评论。中国人民大学的聂辉华副教授，是经济随笔的高手，也是经济学专业论文写作的佼佼者，他对本书的评论非常中肯。中国台湾政治大学两岸政经研究中心副研究员、台湾宏冠国际投资股份有限公司总经理、宏冠实业（南通）有限公司执行董事连正世先生作为企业界的代表，也为本书撰写了评论。我20年前的大学老同学、现北京某公司销售经理王集勇先生，经常给予我学术研究、随笔出版以莫大的鼓励。东北财经大学出版社的蔡丽编辑不厌其烦地来回修改文稿，就其中的每一张图、每一段文字、每一个标点进行认真细致的编辑，在此一并表示感谢。

最后，要感谢我的家人、亲朋对我撰写此书过程中的容忍与鼓励，特别是我女儿赵沈书蕾为书稿绘制插图，尽管少了几分专业和细致，但她插图中所表现出来的童趣、天真和活泼，也定会为读者带来阅读内容之外的另一番乐趣。

作者联系与本书评论请联系 hjzhao2002@163.com。

赵红军
二〇一二年七月

173

后
记